都市社会工作研究　第 14 辑
2023 年 12 月出版

目　录

【文化社会工作研究】
文化社会工作的基本意涵、意义旨归与实践进路…………… 王春林 / 1

【青少年社会工作研究】
生态系统理论视角下青少年抗逆力影响机制研究
　　——基于结构方程模型的分析 …………………… 张　行　王雪婷 / 16

【残障社会工作研究】
残障人士就业行动过程探究
　　——基于生命历程理论视角 ………… 王艳红　窦文英　范明林 / 37

【社区工作研究】
行政化吸纳与专业化嵌入：民族地区街镇社工站在地化行为研究
　　——以广西 S 镇社工站为例 ………………… 崔　娟　李柏江 / 61

【社会政策研究】
政策工具视角下我国老年健康政策的着力点研究
　　………………………… 李　滨　韩　静　肖　渝　秦小峰 / 82

英国社会工作立法与体制建设对中国的启示………… 黄匡忠　许蔚洋 / 104

【社会工作相关议题研究】

社会工作专业本科生专业认同水平的调查
　　——兼与社会工作专业专科生的比较……………… 曾守锤　黄文斌 / 122
社会工作者工作满意度影响机制研究
　　——专业效能和个人成就感的链式中介效应………………… 胡杰容 / 141
组织特质与资源汲取：一个公益组织的资源依赖结构转型
　　…………………………………………………………… 吴永红　梁　波 / 161

Table of Contents & Abstracts / 182

《都市社会工作研究》稿约 / 190

集人文社科之思　刊专业学术之声

集 刊 名：都市社会工作研究
主办单位：上海大学社会学院社会工作系
主 编：范明林 杨 锃 陈 佳

Vol.14 RESEARCH ON URBAN SOCIAL WORK

编辑委员会

李友梅 张文宏 关信平 顾东辉 何雪松 文 军 熊跃根
程福财 黄晨熹 朱眉华 刘玉照 赵 芳 张宇莲 范明林
杨 锃 彭善民 华红琴 程明明 阳 方

本辑编辑组

范明林 杨 锃 陈 佳

第14辑

集刊序列号：PIJ-2016-184
集刊主页：www.jikan.com.cn/ 都市社会工作研究
集刊投约稿平台：www.iedol.cn

中文社会科学引文索引（CSSCI）来源集刊

范明林　杨铿　陈佳/主编

都市社会工作研究

上海大学社会学院社会工作系主办

第14辑

社会科学文献出版社

【文化社会工作研究】

文化社会工作的基本意涵、意义旨归与实践进路[*]

王春林[**]

摘　要　自社会工作发轫伊始，文化就一直存在于其理念与方法之中。近年来，学界虽然围绕文化与社会工作发展之间的关系提出了丰富的论断，促进了社会工作本土化和有地域特色的社会工作研究逻辑生成，但尚未对"文化社会工作"进行专门解读，使之成为一个类似于"青少年社会工作""家庭社会工作""农村社会工作""妇女社会工作"等的专门性实践及研究领域。承前所述，聚焦文化社会工作的基本意涵、主要的学术与现实意义及实践进路，不仅能使社会工作更好地成为协调新时代个人、文化和社会之间关系的重要力量，而且有助于把社会工作引入文化问题排查、分析与解决过程，给社会工作参与社会治理、社会工作学科建设、社会工作服务效果提升等带来一些新思路。

关键词　文化社会工作　文化自觉　文化问题　本土化

---

[*]　本文系辽宁省哲学社会科学规划基金项目"中国共产党百年意识形态工作助力中国社会发展研究"（L22BDJ014）的阶段性成果。
[**]　王春林，博士，内蒙古工业大学人文学院讲师，主要研究方向为社会工作理论。

一　引言

　　同社会运行、发展与变迁息息相关的"文化"一直是学术研究的重要主体。近年来，伴随学界研究纵深推进，社会工作介入村落文化营造中的方式与意义（任国英，2020）、如何满足不同文化背景的社会工作专业学生学习需求（Freund，2021）、何以增强社会工作文化能力以应对多种危机挑战（张蕾、杜欣，2021）、提升新入职社会工作者文化实践能力的策略（Melendres，2022）及社会工作教育者面对文化多样性挑战的思路（吴帆、付聪，2022）等话题的热度与日俱增，凸显了社会工作分析与解决问题的能力，回应了社会发展的需要，产生了较为深刻的影响。事实上，把社会工作及其有关话题置于文化语境中加以阐释的情况并不是近来才出现的。一个公认的事实是，社会工作发轫之初就吸收了基督教公益慈善理念（卢成仁，2013），这是一种重要的文化现象。此外，李安宅先生述及边疆社会工作内在困难形成原因时还提到过"一因边地物质条件不够，一因边民了解程度不高"，而导致"边民了解程度不高"的一个重要因素是"文化不同"（李安宅，2012：33）。由此可见洞察"文化"尤其是"文化问题"对于开展好社会工作实践及研究的重要性。需要指出的是，虽然在既有理论和社会工作实务的双重作用下，学界围绕"文化"一词提出了十分丰富的论断，促进了社会工作"本土化"（localization）和有地域特色的社会工作研究逻辑生成，但推动"文化社会工作"成为一个类似于"青少年社会工作""家庭社会工作""农村社会工作""妇女社会工作"等的专门性实践及研究领域的声音式微，影响到了社会工作全面参与社会治理的可能性，制约了各地社会工作事业的发展水平。

　　受费孝通先生"生活在一定文化中的人对其文化有'自知之明'，明白它的来历、形成过程、所具有的特色和它发展的趋向"（费孝通，1999：166）观点启发可以想到的是，"把多元思维引入社会工作、专业实践中，改变以往专业实践的一元思维"（童敏，2017），有益于社会工作者、相关研究者及社会工作督导等主体"通过不同文化之间的知识分子的相互理解构建知识上的互惠"（杨清媚，2020），把社会工作引入文化问题排查、分析与解决中，形成"文化社会工作"这一专门的实践及研究领域，给社会工作参与社会治理、社会工作学科建设、社会工作服务效果提升等带来一些新思路。

二 文化社会工作的基本意涵

环顾当前社会工作发展实景不难发现，每一个社会工作实践领域都是亟待拓展的研究领域，文化社会工作自然也不例外。可是现有研究中，内含"文化社会工作"字眼的学术成果寥若晨星。因此，为进一步开展文化社会工作方面的探讨，须先依照社会工作与文化之间的关系及同社会工作具有较高亲和度的社会学中的文化社会学之含义，尝试概括文化社会工作的基本意涵。

（一）社会工作与文化之间的关系

虽受到提出者的学科背景及其侧重点不同因素影响，现存的文化概念较为多元且没有形成统一界定，但学界有一个基本共识，即文化主要包含物质与精神层面的内容（张磊，2007：14~15）。比如，马林诺斯基（Malinowski）曾把文化看成集"工具和消费品，各种社会群体的制度宪纲，人们的观念和技艺、信仰和习俗"于一身的有机整体（integral whole）（马林诺斯基，1999：52）。而我国学者梁漱溟则视文化为"吾人生活所依靠之一切"（梁漱溟，2005：6）。近年来，在全球化和现代化浪潮席卷下，世界各地在交互过程中不断赋予文化以新的意义（汤姆林森，2002：28~29）。同时，各种与文化有关的问题日益凸显。其中，"全球化语境下的文化矛盾"（邴正、孟春，2007）、"现代文化日益冲击并消解着人的历史主体性，成为统治人的异己力量"（王国学、尚人，2021）等文化问题颇受关注，启发我们在阐释与文化有关的问题时，需要重视文化、个人与社会三者之间的关系。

以解决案主问题为中心的社会工作非常注重文化、个人与社会之间的关系。一个直观的例证是，尽管中西方"家文化"存在差异（陶宇、朱晓玮，2018），但社会工作者在引导案主回归社会时，无不先想到其家庭是否能够成为以及如何成为优势资源。比如，田毅鹏、刘杰（2008）在检视社会工作本土化问题时就曾提到家庭在个人融入社会中的重要性。进一步参考"事君不忠，非孝也；莅官不敬，非孝也"（《礼记·祭义》）、"立身行道，扬名于后世，以显父母，孝之终也"（《孝经·开宗明义》）等中国古语以及发端于西方学界，关注改变过程的"萨提亚家庭治疗模式"（萨提亚等，2007：79），不难发现，家庭主要是作为一个文化场域不断促进个人"社会化"（socialization）发展的。与此相对应的是，学校、工作单位、同辈群体等也主要通过一定的文化情境进行价值观、工作制度、社会规范传递，从而引导个体的社会适应与融入（吉登斯、萨顿，2019：185）。据此可以认为，在社会运行、发展和变迁历程中，社会工作、文化、个人与社会之间的应然关系是立足个案工作、小组工作、社区工作和社会行政等诊断与介入方法维系"个人-文化-社会"路向稳定的。

（二）文化社会工作概念界定

学界普遍认为，社会学与社会工作关系密切。实际上，在考察社会学与社会工作关系时，除了"学科分期的相似"（萧子扬、马恩泽，2018）、"社会工作一直从属于社会学，作为应用社会学的一个分支"（郭伟和，2021）等认识外，还应该注意到二者都曾以家庭、农村和老年人等为研究对象，建立了"家庭社会学"、"农村社会学"和"老年社会学"以及"家庭社会工作"、"农村社会工作"和"老年社会工作"等相似分支领域。要言之，社会学与社会工作都是维护社会运行、加强社会治理、促进社会发展的重要依托。相比社会工作，社会学的知识体系更为成熟，具有经典的理论范式、系统的研究方法和多维的学术话题，值得文化社会工作研究者借鉴。

在界定"文化社会工作"概念之前，既需要回顾一下文化社会学的基本含义，明确社会学是如何与文化融为一体的，以此初步形成"文化社会工作"概念的内涵与外延，又需要对比"文化社会工作"与"文化社会学"概念之间的差异，凸显社会工作专业领域内的文化问题研究具有一定的特殊性。

总的来说，概述文化社会学离不开文化与社会学之间的关系探讨（周怡，2004）。曼海姆（Karl Mannheim）在分析文化社会学时曾指出："文化则是文化社会学的研究主题。"（曼海姆，2002：33）司马云杰统整既有研究后认为："文化社会学作为社会学的一个分支学科，是研究文化产生、发展规律及其社会功能的一门学科。"（司马云杰，2011：1）经由以上分析我们首先可以想象到的是，如果假定文化社会工作与文化社会学之间具有某种傍依或继承关系，那么涉及文化自身存亡和社会走向的各种文化问题必然成为文化社会工作研究对象的同时，文化社会工作亦将成为社会工作的一个实践领域和分支学科。继而言之，我们可以尝试这样定义文化社会工作：基于社会工作视域收集、整理与阐释文化及其有关话题，重点解决由文化导致的种种问题，反思并提炼一般性实务经验与学术知识的社会工作实践及研究领域，是社会工作的重要分支学科。

如前所言，与文化社会学相比，文化社会工作的主要特殊性在于分析与解决文化问题的过程中引入了社会工作的专业理念与方法。具体来说，一是通过社会工作实践形成了阐释文化问题的经验与知识；二是文化社会工作致力于社会工作专业领域内的实务经验与学术知识提炼概括，形成的理论与实践交互模式，旨在促进社会工作实务开展、现实社会和谐稳定和社会工作学科建设；三是文化社会工作既关注文化的形成、发展与变迁规律，又关注置于某一文化情境中个人和群体的生存境遇及发展向度。由此可见，文化社会工作继承与融合了助人自助价值理念和文化社会学的要义，形成了有别于文化社会学的领域与学科。

三 文化社会工作的意义旨归

意义具有多样性。简言之，纳入学术研讨之中的话题不仅应具有学术意义——能够对相关研究开展及学科发展产生一定的影响，同时也应具有一定的现实意义——能够给自身成长及社会发展带来一定的反思。整体来看，当前围绕文化与社会工作关系等话题展开的研讨中，不仅缺乏社会工作收集、整理与阐释文化问题的意义呈现，更缺少对文化社会工作研究与实践意义的深刻总结，给文化社会工作的形成与社会工作发展带来了些许阻滞。因此，概述文化社会工作研究具有的学术意义及其实践具有的现实意义，厘清二者之间的关系是一项重要课题。

（一）文化社会工作研究的学术意义

从本义出发，学术意义主要指的是一些话题能够引导人们形成涉及学术研究和相关学科发展方面的思考。基于学术研究维度对文化社会工作加以审视后可以形成的总体性认识是，文化社会工作研究领域形成不仅有助于促进社会工作研究开展，同时也有助于推动社会工作学科建设。具体来说，首先，聚焦文化社会工作能够使社会工作的研究者围绕专门领域，产出一系列综融文化与社会工作话题的学术成果，使文化交互过程中发生的矛盾和冲突问题，尤其是文化、个体和社会间的关系问题明确成为社会工作实践和研究对象的同时，丰富文化社会工作的内涵，拓展社会工作的研究论域，并为当前社会工作实践及研究提供理论依据。其次，文化社会工作益于社会工作的本土化研究。以我国为例。自20世纪80年代社会工作专业恢复建设以来，学界围绕如何形成有中国特色的社会工作问题进行了积极探索。到目前为止，学界普遍认为，使带有西方价值观烙印的社会工作更好地为我国社会发展、治理与转型提供服务的主要良法是基于我国千百年来的文化积淀对其加以改造（王思斌，2001），并形成有中国特色的社会工作价值立意，指导社会工作督导、社会工作者及相关研究者等主体的行动选择。由此可见，在社会工作本土化的研究中，学界总在或深或浅地谈及文化与社会工作之间的关系。按此说法，若要顺利实现社会工作本土化，离不开其适应与融入某种文化情境。继而言之，文化社会工作这一研究及实践领域一旦形成，必将再次引发人们就如何推动社会工作发展尤其是社会工作本土化发展的争鸣和热评。最后，探究文化社会工作领域内的问题益于社会工作学科建设。近年来，建设好社会工作学科的呼声日益高涨。可当前社会工作学科建设中面临的一个重要问题是如何通过分析和解决现实问题形成带有社会工作属性的概念、理论和模式。关于此问题，何雪松曾提出过一个重要观点，即"倡导全球视野与文化自觉的结合"（何雪松，2015）。由此出发，经由文化自觉与全球视野相结合、文化社会工作实践及研究过程形成的概念、理论和模式是当前社会工作学科建设的重要基础。

（二）文化社会工作实践的现实意义

社会工作主要是在通过各种实践活动助人的同时，验证各种方法和模式的效果的，所以说，实践是社会工作知识的重要源泉。在马克思看来，实践是社会生活的本质，"凡是把理论导致神秘主义方面去的神秘东西，都能在人的实践中以及对这个实践的理解中得到合理的解决"（《马克思恩格斯全集》第三卷，1960：5）。再回到本研究关注的主题则会归纳出文化社会工作实践主要具有以下三点现实意义。一是有助于文化问题的排查及化解。"文化"在衍生、发展、转型之际很容易直接或间接导致其自身、不同主体之间或社会整体出现矛盾，形成一些"文化问题"。再从现有研究情况来看，虽然已经有大量篇章涉及文化问题分析，但解决相关问题的实操手段仍然不足。前面的文化社会工作意涵已然直接点明社会工作在文化问题分析与解决中的必要性。与此相对应的是，任国英、吴帆、黄蕾等学者也主要从实用性角度出发，谈及社会工作的程序、方法和模式等如何应用于分析和解决文化问题。所以说，文化社会工作实践有助于文化问题的排查及化解。

二是有助于文化风险防范机制建立。贝克（Urlich Beck）在论述"风险社会"时曾警示生活在文明火山上的人类时刻处于风险之中（贝克，2004：13~15）。从"文化风险"的思域出发便会发现，人类的文化传播、交流与交融等活动中内蕴着文化认同风险、文化信任风险、文化安全风险、文化表达风险等各种各样的风险（沈一兵，2022）。比如，当下流行的"饭圈文化"存在有可能导致青年人形成与社会主义核心价值观相悖的价值取向的风险（孙群、王永益，2022）。那么，文化社会工作对此应有何作为呢？当然是通过社会工作方法的介入，形成较强的风险意识，预估风险发生的时间和条件，建立文化风险防控机制，使社会工作成为解决文化问题、规避文化风险、促进社会治理能力现代化的重要手段。

三是有助于促进社会工作组织文化建设。文化在组织建设与发展中发挥着重要的导向作用（陈宗仕，2020），社会工作组织的建设与发展自然也离不开文化的导向作用发挥。以价值观为例。价值观是文化的一种具体表现形式。实际上，唯有在良好的文化氛围陶染下，社会工作者才能更好地基于某种价值观开展有效的社会工作服务，达到预期目标（何雪松、刘畅，2021）。承前所述，文化社会工作在关注社会工作嵌入文化问题的同时，也应时刻关注社会工作组织的文化建设，努力使社会工作组织与社会发展同频同步。

（三）学术意义与现实意义间的交互关系

通过前面的意义介绍与分析可以形成的认识是，文化社会工作研究的学术意义及其实践的现实意义之间并非割裂的，而是相辅相成的。质言之，它们联结构成了文化社会工作存在的重要性与必要性，这与学界围绕社会工作实务理论形成的认识具有相似性，即社会工作实务与理论是有机整体，不是独立的单元。此外，还可以发现文化社会工作研究的学术意义和其实践的现实意义有一个交汇点，就是能够引发学理与现实层面的反思，从而不断使人们自省如何应用社会工作的理论、方法和模式介入文化问题，开展好文化与社会工作关系等方面的话题研究，促进社会有序运行和发展。综上所述，文化社会工作实践中形成的知识，不仅会促进社会工作研究开展，同时也能为新的文化社会工作实践提供理论依据。如此从"书斋"到"田野"之间的循环往复必将使文化社会工作体系日臻完善，加快社会工作本土化、专业化、职业化和学术化的步伐。

四　文化社会工作的实践进路

按照马克思的实践研究及当前学界对于实践的多维考察（丁立群、邓久芳，2021）我们能够意识到，实践主要指的是按照既定的行动目标，将相关理念、方法、模式和过程等应用到现实中的客观活动。参考刘继同社会工作"实务理论"分析（刘继同，2012）能想到的是，社会工作实践主要是指把社会工作的理念、模式与方法等嵌入现实问题排查、分析与解决之中，达到人与社会相协调的一般过程。与之相对应的是，文化社会工作应该以排查、分析与解决文化问题为主要实践进路，同时形成防控文化风险的有效机制，推动社会工作不断成为促进新时代个人、文化和社会之间协调发展的重要力量。

（一）排查文化问题

排查文化问题是文化社会工作实践的首要环节，因为唯有排查文化问题才能知道问题的症结所在。具体来说，排查文化问题，一离不开社会工作督导和社会工作者等社会工作从业者聚焦社会工作实践中遇到的文化问题。现实中，社会工作从业者往往是在接触儿童、青少年、妇女等案主后发现核心问题，再逐步明确干预方案的。按照这样的实践逻辑，社会工作从业者可以收集不同案主心理及行为中涉文化问题的信息，为后续的问题分类与介入工作提供经验依据。需要指出的是，排查文化问题时应该重点使社会工作者深入具体的情境中，有意识地通过身体实践发现、记录与整理文化问题。作为整个社会工作服务过程中最重要的实践者，作为全体社会工作从业者中身处"一线"的行动者，社会工作者往往直面各种问题，因此也必然是排查文化问题的中坚力量。社会工作者排查文化问题的关键在于通过一定的专业知识，比如，在个案工作中，通过谈话分析等方面的知识，揭示案主困境中的文化问题，并将其记录在案。总的来说，以上两点实践可以为分析与解决文化问题提供切入点。排查文化问题，二离不开学界的调查研究。调查研究主要是指先深入与研究对象有关的场域中收集资料，然后开展探究的活动。长期以来，社会学、民族学、人类学和社会工作等学科因为都涉及田野调查而形成了某种亲和性关系。在社会工作学科建设的道路上，学界一方面注重总结与反思实务经验形成知识，另一方面注重参考与借鉴其他具有成熟构型的学科理论，归纳出符合社会工作特点的专业知识。而开展专门性的文化社会工作研究与实践亦需要相关学者付出努力，即依托个案研究法、问卷调查法、访谈法等收集经验素材，明确社会工作实践中遇到的文化问题的本质，这样有助于社会工作专业领域内的研究者和从业者对文化问题形成更为系统的认识。

（二）分析文化问题

分析文化问题是文化社会工作实践的核心环节，因为唯有分析文化问题，才能厘清问题的脉络。具体而言，分析文化问题，一要联系相关社会情境对文化问题展开分析。有学者认为："社会各场域的变革容易使自身陷入割裂、冲突、融合与重构之中，并进一步诱发中华优秀传统文化教育场域政策失位、目标偏离、内容异化、评价滞后等问题。"（张宏、朱帅，2022）也就是说，每一个文化问题都对应着一种社会情境，因此，社会工作的研究者及从业者在分析文化问题时，要把文化问题放置于具体的社会情境中，厘清与文化问题形成有关的主体和要素，建构一个与文化问题有关的场域，确保我们能够在一定的时空范畴内对文化问题进行系统解构。分析文化问题，二要明确文化问题的主要成因及其影响。文化问题是社会问题的一个细类，其不但会影响个体及群体的发展走向，而且会影响社会整体的运行状态。按照这样的理路很容易形成的观点是，明确文化问题缘何发生，主因是什么，又对个体、群体及社会的发展产生或将产生哪些消极影响，必然左右社会工作组织尤其是社会工作者的介入思路。分析文化问题，三要请教专家学者以对文化问题形成更为深入的理解。请教专家学者主要是社会工作从业者为了促进学术与现实更好地结合在一起，厘清文化问题脉络和有效介入策略，采取的一种必要手段。请教专家学者时，既要请教高校中的研究者，也要请教那些有着丰富经验的社会工作督导，以在提升社会工作实践效果的同时，加快文化社会工作理论体系、方法体系和价值体系建立与融合发展。

（三）解决文化问题

解决文化问题是文化社会工作实践的关键环节，因为唯有解决文化问题才能凸显文化社会工作的作用力。马克思有一句名言："哲学家们只是用不同的方式解释世界，问题在于改变世界。"（《马克思恩格斯选集》第一卷，1995：57）上文也曾提到过，当前并不缺乏对文化问题的系统分析，而是缺乏解决文化问题的实操手段。社会工作主要是通过相应的助人方法切准实际问题的，因此在解决现实文化问题中必有用武之地。再从文化社会工作的角度来说，把文化问题设定为社会工作实践及研究的专门对象后，能够发挥出社会工作理念、方法和模式方面的优势，使文化问题得到精准解决。但眼下的问题是，文化社会工作初现雏形，有关文化社会工作方法论体系及具体介入技术的话题仍然有很大的想象空间。在此背景下，本研究只能提到两个基础性观点：一是在吸收社会工作现有实务方法的同时，社会工作督导、社会工作者和研究者需要保持良好的协作关系，总结社会工作实践中形成的分析与解决文化问题的有效经验，并使其"知识化"，为构筑文化社会工作方法论体系、淬炼具体介入技术提供重要基础；二是文化问题隐匿或浮于不同的个体与群体之间，常常因个体或群体间的交往互动发生变化。因此，涉及文化社会工作的方法论体系及具体介入技术也应该随之不断地调整和完善，以更好地展现社会工作解决实际问题的能力。

（四）防控文化风险

前面曾提到文化还是一个风险因子。细言之，不同文化间的交互、群体亚文化生成及个体融入新的文化氛围中都伴有一定的风险性，值得文化社会工作的研究者注意。因为社会工作并不只是为了解决问题而存在，它也十分注重防控各种社会风险、降低社会问题发生的概率、提高社会运行的效率。一个直观的例证是，我们在很多社会工作研究中能看到"预防"二字。比如，有学者曾考察过社会工作在预防青少年犯罪中的作用（杨梨等，2022）。此外，还有学者曾提到"构建防范多重欺凌风险的社会工作服务模式"（彭善民，2017）的重要性。继而言之，面对复杂多变的文化问题，我们理应想到如何在排查、分析与解决问题的基础上，形成有社会工作特色的防控文化风险机制，维护文化、个体与社会间的关系和谐稳定。

（五）形成多维反思

从学术与现实的多重维度出发进行反思是促进学术发展及社会有序运行的重要品质。开展文化社会工作研究及实践亦需要社会工作组织、社会工作者和研究者等主体进行深刻反思，在提升社会工作品质、概括社会工作知识的同时，形成学术研究及社会发展方面的基本经验，更好地凸显社会工作的重要地位。以我国为例，从学术维度出发进行反思时应注意如何综融文化自觉、文化自信和理论自觉的核心要旨形成一个分析框架，将已有研究、国内外社会理论、社会工作实践及中国文化冶为一炉（田毅鹏、刘杰，2021），衍生出有中国特色的文化社会工作实践与研究体系，促进中国社会科学结出"中国特色的丰硕之果"（郑杭生，2012）；从现实维度出发进行反思时，应注意到如何把上述有中国特色的文化社会工作实践与研究体系，尤其是文化社会工作的理论与方法应用到现实中，在检视文化社会工作效果的同时不断锤炼社会治理经验，升华社会工作的学术及现实层面的意义。

五 结语

前面围绕文化社会工作的基本意涵、意义旨归与实践进路进行了初步研讨，可以看到文化社会工作作为一个专门性研究及实践领域和社会工作分支学科是何以可能的。当然，就现有研究情况而言，文化社会工作尚处于想象阶段，因此为了更好地建立文化社会工作的实践与研究体系，既需要来自国家和社会层面的引导与支持，又离不开社会工作督导、社会工作者和研究者等主体协同联动，高质量实现文化社会工作从理论到实践的渐次飞跃。

再从我国来看，尽早建成文化社会工作的实践与研究体系重要且必要。主要是因为党的十八大以来，"文化自信"越发成为中国社会发展的重要指针。然而，我国伴随全球化浪潮"走出去"的过程中不断遭遇各种文化矛盾，急需专业性回应，这为我国社会工作建设与发展提供了些许思路。可有一个悖论，即我国的社会工作理论建构仍然无法摆脱西方话语体系的桎梏，方法论体系之中也少有中国特色的新方法（刘威，2011），这非但不利于建设与发展有中国特色的社会工作学科，反而更难以促进中国文化的传播。因此，在"全面建设社会主义现代化国家，必须坚持中国特色社会主义文化发展道路，增强文化自信"（习近平，2022）的指引下，使社会工作成为分析与解决问题的利器的同时，还应深思何以建构有中国特色的社会工作理论与方法并使之"走出去"，在全世界社会工作话语分享的过程中，尽可能地发出中国声音[①]；另外，我国社会工作实践中遇到的很多矛盾问题，都与文化有着千丝万缕的联系，在解决问题的过程中尤其能从文化出

[①] 这一论述来源于周晓虹（2019）"而今天，在全球化和社会转型的双重交织影响下，中国的社会学家正在积极参与建立一种多语境的全球社会学，并由此真正实现全球范围内的社会学话语分享"观点的启发。

发找到突破口。比如，农村社会工作中的乡贤参与社会治理实现农村有序发展问题涉及"乡土文化"的本色，青少年社会工作中的价值观引导问题关乎"修身、齐家、治国、平天下"的文化培植，儿童社会工作中的儿童照顾内含着"幼吾幼，以及人之幼"（《孟子·梁惠王上》）的扶幼文化……而这些都阐发了一个简单的道理：我国千百年来的文化积淀与传承不但为文化社会工作提供了深厚的土壤，使处于想象阶段的文化社会工作落地生根，而且为有中国特色的社会工作学科建设与发展提供了重要基础。

参考文献

安东尼·吉登斯、菲利普·萨顿，2019，《社会学基本概念》（第二版），王修晓译，北京：北京大学出版社。

邴正、孟春，2007，《现代文化矛盾与全球化理论批判》，《学习与探索》第 6 期。

陈宗仕，2020，《将国家和文化纳入组织分析——以组织社会学主流范式为参照的中文文献述评》，《社会学评论》第 4 期。

丁立群、邓久芳，2021，《理论、制作与实践：实践的完整性》，《江海学刊》第 3 期。

费孝通，1999，《费孝通文集》（第十四卷），北京：群言出版社。

郭伟和，2021，《从链式学科关系到职业能力为本的知识整合模式——再论社会学与社会政策和社会工作学科的关系》，《社会政策研究》第 3 期。

何雪松，2015，《社会工作学：何以可能？何以可为？》，《学海》第 3 期。

何雪松、刘畅，2021，《从薪酬留人到文化赋能：组织文化视野下社会工作者的离职行为》，《杭州师范大学学报》（社会科学版）第 6 期。

卡尔·曼海姆，2002，《文化社会学论要》，刘继同、左芙蓉译，北京：中国城市出版社。

李安宅，2012，《边疆社会工作》，石家庄：河北教育出版社。

梁漱溟，2005，《中国文化要义》，上海：上海人民出版社。

刘继同，2012，《社会工作"实务理论"概念框架、类型层次与结构性特征》，《社会科学研究》第 4 期。

刘威，2011，《"一个中心"与"三种主义"——中国社会工作本土化的再出发》，《中州学刊》第 3 期。

卢成仁，2013，《社会工作的源起与基督教公益慈善——以方法和视角的形成为中心》，

《华东理工大学学报》(社会科学版)第1期。

《马克思恩格斯全集》第三卷,1960,中共中央马克思恩格斯列宁斯大林著作编译局编,北京:人民出版社。

《马克思恩格斯选集》第一卷,1995,中共中央马克思恩格斯列宁斯大林著作编译局编,北京:人民出版社。

马林诺斯基,1999,《科学的文化理论》,黄建波等译,北京:中央民族大学出版社。

彭善民,2017,《犯罪预防与联校社会工作发展》,《学海》第1期。

任国英,2020,《生态移民社区文化能力建设的民族社会工作行动研究——以内蒙古Z旗Y村为例》,《民族研究》第6期。

沈一兵,2022,《后疫情时代"一带一路"面临的文化风险与包容性文化共同体的建构》,《人文杂志》第3期。

司马云杰,2011,《文化社会学》(第五版),北京:华夏出版社。

孙群、王永益,2022,《极端"饭圈文化"视域下青年价值观培育的"难为"与"可为"》,《思想教育研究》第7期。

陶宇、朱晓玥,2018,《中西方"家文化"差异下的家庭社会工作实践路径探究》,《新视野》第6期。

田毅鹏、刘杰,2008,《中西社会结构之"异"与社会工作的本土化》,《社会科学》第5期。

田毅鹏、刘杰,2021,《发展社会学研究的主题转换及再出发》,《社会学评论》第1期。

童敏,2017,《社会工作理论的文化转向及其文化自觉》,《华东理工大学学报》(社会科学版)第6期。

王国学、尚人,2021,《文化与人的互为主体性关系研究——马尔库什关于文化概念的历史语义学阐释》,《求是学刊》第6期。

王思斌,2001,《试论我国社会工作的本土化》,《浙江学刊》第2期。

维吉尼亚·萨提亚等,2007,《萨提亚家庭治疗模式》(第二版),聂晶译,北京:世界图书出版公司。

乌尔里希·贝克,2004,《风险社会》,何博闻译,南京:译林出版社。

吴帆、付聪,2022,《中国社会工作文化胜任力的四维结构及其影响因素分析》,《北京工业大学学报》(社会科学版)第2期。

习近平,2022,《高举中国特色社会主义伟大旗帜 为全面建设社会主义现代化国家而团结奋斗——在中国共产党第二十次全国代表大会上的报告》,《新长征》第11期。

萧子扬、马恩泽,2018,《与社会学结缘的中国社会工作——一个学科史的考察》,《社会工作》第 5 期。

杨梨、齐从鹏、张欢欢，2022，《防范多重学生欺凌风险的社会工作服务实践研究》，《华东理工大学学报》（社会科学版）第 4 期。

杨清媚，2020，《"文化"与"文化自觉"辨析——论费孝通的文化理论》，《中央民族大学学报》（哲学社会科学版）第 5 期。

约翰·汤姆林森，2002，《全球化与文化》，郭英剑译，南京：南京大学出版社。

张宏、朱帅，2022，《中华优秀传统文化教育的场域变迁研究》，《民族教育研究》第 2 期。

张磊，2007，《中国农业传统文化转型研究》，西安：陕西人民出版社。

张蕾、杜欣，2021，《文化能力视角下的社会工作危机应对研究》，《华东理工大学学报》（社会科学版）第 1 期。

郑杭生，2012，《"理论自觉"与中国风格社会科学——以中国社会学为例》，《江苏社会科学》第 6 期。

周晓虹，2019，《社会学的中国化：发轫、延续与重启》，《江苏社会科学》第 6 期。

周怡，2004，《文化社会学发展之争辩：概念、关系及思考》，《社会学研究》第 5 期。

Freund, A. 2021. "A Culturally-based Socialization to Social Work: Comparison of Faith-based and Secular Students." *Social Work Education* 40（2）: 190 – 205.

Melendres, M. 2022. "Cultural Competence in Social Work Practice: Exploring the Challenges of Newly Employed Social Work Professionals." *Journal of Ethnic & Cultural Diversity in Social Work* 31（2）: 108 – 120.

【青少年社会工作研究】

生态系统理论视角下青少年抗逆力影响机制研究[*]

——基于结构方程模型的分析

张 行 王雪婷[**]

摘 要 青少年正处于青春期，从身体到心理都发生着较大的变化，而青少年抗逆力对其培养良好的意志品质、树立正确的价值观都具有重要作用。为了探究青少年抗逆力的形成和发展机制，本文在生态系统理论的基础上，利用 CEPS（2014~2015）调查数据，运用结构方程模型，考察了家庭因素、学校因素和同伴因素与青少年抗逆力的关系。研究发现：（1）家庭因素、学校因素、同伴因素和青少年抗逆力都具有相关关系，并且同伴因素对青少年抗逆力的影响力最大；（2）同伴因素在模型中具有中介作用，形成了家庭因素→同伴因素→青少年抗逆力、学校因素→同伴因素→青少年抗逆力两种中介路径以及家庭因素→学校因素→同伴因素→青少年抗逆力链式中介路径；（3）三种因素对农村与

---

[*] 本文系山东省高等学校"青创科技支持计划——乡村振兴背景下农村教育上移问题及其干预对策研究"（2021RW035）、国家社科基金青年项目"社会流动对民众政治信任的影响及其中介效应研究"（19CSH040）的阶段性成果。

[**] 张行，青岛科技大学社会工作系副教授，主要研究方向为青少年社会工作；王雪婷，中华女子学院社会工作系硕士研究生，主要研究方向为家庭社会工作。

城市青少年抗逆力的影响具有差异性，户籍显著地调节了三种因素对青少年抗逆力的作用机制。因此，社会工作者在实践中要考虑多种社会因素，并重点关注同伴因素的影响，同时，要根据城乡青少年服务对象的差异，制定不同的介入方案。

关键词 生态系统理论 青少年抗逆力 结构方程模型

一 问题的提出

一般情况下，抗逆力被视为个体面对逆境时所表现出的良好适应的能力、过程与结果（陈香君、罗观翠，2012），即个体在面对困难、挫折和失败时，能充分发挥潜能，积极地应对和适应环境，重构自己应对困境的能力。青少年正处于青春期，心理发展不成熟，易受到社会多元价值观、外来文化和复杂的家庭结构等的影响。亲子关系、学业适应和人际交往等问题都可能会给心智尚未成熟的青少年带来巨大的冲击，挑战他们的抗逆力。在青少年成长过程中，家庭、同伴和学校是最基本、最主要的环境系统，这些系统对青少年抗逆力产生了重要的影响。有研究证实了个体、家庭、同伴、学校对青少年抗逆力的影响，部分系统能够有效提高青少年个体的抗逆力（蒋帆、姚昊，2022；史晓宇等，2020）。但是家庭、同伴和学校等因素的相互作用是否对青少年抗逆力产生影响以及如何产生影响较少被纳入研究的议程中，而其对于社会工作实践具有重要意义。另外，城市和农村青少年抗逆力的影响因素是否存在差异性也是值得思考的问题。

二 文献综述与研究假设

（一）文献综述

对于青少年抗逆力的研究，学界主要从青少年的抗逆力特质与环境因素等角度展开，探讨哪些因素会影响青少年抗逆力的形成和发展。Werner和Smith（1992）对美国夏威夷考艾岛201名家境贫困儿童进行追踪研究，发现性情、态度、家庭风格以及其他外部支持系统对青少年形成抗逆力、提升自我效能感、归属感等具有重要作用。对青少年抗逆力特质的研究进一步确认了青少年抗逆力的形成和发展不仅与个体本身的特质有关，还与外部支持系统有关，大大拓展了抗逆力研究的边界。但是这些因素是如何影响青少年抗逆力的还没有获得足够的关注，限制了提升青少年抗逆力的实践性应用（陈香君、罗观翠，2012）。

随着研究的深入，不同环境因素如何影响青少年抗逆力成为研究的重点。研究主题开始从青少年个人特质扩展到与青少年有联系的环境因素，如家庭、学校、同伴、社区等。所以抗逆力并非仅仅是个体先天特质以及能力展现，后天环境的影响也起了重要的作用。对于个体与环境因素关系的探讨，路特（Rutter，1985，1990）从个体与环境两个角度提出四种策略，勾画出抗逆力运行的关系框架。他强调人们抗逆力的生成必须基于个体与环境两大系统的相互作用。同时，他也主张从个体与环境的互动关系入手，一方面降低环境中的风险影响，减少消极连锁反应；另一方面提升个体的自尊水平和效能感。后来孔普弗（Kumpfer，1999）在前人研究的基础上提出了抗逆力运作过程模型。他的模型建立在个人－环境互动的基础上。当压力或挑战来临时，个体内部的抗逆力因素与环境因素产生互动，环境中的保护因素能够缓解压力和挑战的不良作用，进而提升个体抗逆力，增强个体的适应能力；而环境中的危险因素则与之相反，会增加压力和挑战对个体的影响，进而降低个体的抗逆力。同时，个体具有改造和适应环境因素的能力，个体的抗逆力通过与环境交互，能将危险性环境改造成具有保护性的环境（马伟娜等，2008）。孔普弗的理论模型也指出，个体与环境互动的抗逆力后果不是固定不变的，抗逆力会产生三种结果，分别是抗逆力重构、适应、适应不良性重构（Kumpfer，1999）。这三种结果同样是个体与环境互动后产生的结果，并且是动态的。因此，孔普弗的理论模型显示了个体的抗逆力特质与环境的互动性，以及环境中保护因素与危险因素之间的相互作用。

以上对于抗逆力个体与环境互动关系的探讨说明家庭、学校、同伴、社区以及范围更大的生态系统都可以被视为影响抗逆力的环境因素。这些环境因素之间存在互动，并且共同作用于青少年个体的抗逆力。而这正是生态系统理论的题中之义。生态系统理论是人们理解人类与社会环境关系的一种视角。该理论将人类生活的环境——家庭、同伴、学校、社区等视为社会性的生态系统，认为环境和人类是一个整体，具有复杂的关系，强调各环境系统与人的相互作用和发展性。而人类的行为和心理机制是环境系统与个人互动的结果。在生态系统理论的发展过程中，布朗芬布伦纳（Bronfenbrenner）起到了重要作用，他对生态系统理论进行了系统分析。根据人与环境互动的复杂程度，他将生态系统分为微系统、中系统、外系统、宏系统以及长期系统，而家庭、同伴、学校以及社区等则分属于不同的系统之中，并形成了复杂的相互关系（Bronfenbrenner，1979）。后来生态系统理论不断得到发展，产生了生态系统的生命模式（Gitterman & Germain，1976）、生态社会模式（Payne，2021）等，并在社会工作发展中起到重要的作用。生态系统理论具有多种模式和方向，但形成了基本一致的观点，即生态系统理论强调个人的发展镶嵌于相互影响的环境系统之中，个体影响着环境系统，环境系统也影响着个人的发展，并且环境系统之间也存在相互作用、相互影响的机制（Greene，2008）。除此之外，有学者认为应该将青少年抗逆力放在关系与互动的视角下来考虑和研究，需要一种更加具体的互动模型来描述存在于个体周边的复杂关系（张杰、何东侠，2017；Walsh，2013）。因此，生态系统理论为我们提供了将青少年抗逆力拓展至包括家庭、同伴、学校等在内的更广阔社会环境下的互动模型的研究范式（Walsh，2013）。

对于各个系统如何影响青少年抗逆力，不同的研究者通过不同的理论、模型解释资源、逆境和抗逆力之间的关系（陈香君、罗观翠，2012）。例如，Sandler等（2003）通过研究资源和逆境对青少年个体精神健康的影响来分析青少年抗逆力形成和发展的过程。他们发现除了资源和逆境与个体精神健康具有直接关系外，资源和逆境之间也存在交互效应，即资源调节着逆境对个体精神健康的影响。同时，他们发现资源也是逆境和个体精神健康的中介变量，会减弱个体、家庭以及社区等系统的影响力。而对于家庭内部的各种因素，以往的研究也积累了一定的成果。有研究发现，流动儿童对父母的依恋关系能够影响其抗逆力的形成和发展（毛向军、王中会，2013）。而彭阳等（2015）研究发现，家庭关怀能够提升流动儿童的抗逆力。另外，靳小怡、刘红升（2018）发现不同的家庭教养方式对流动儿童的抗逆力具有不同的影响。对于学校因素，韩丽丽（2014）通过对在校学生的研究，发现良好的学校服务能够提升在校学生的抗逆力。同时，有学者研究发现，对于经济社会背景较差的学生而言，积极的学校氛围能够提升学生的抗逆力，并且加大教育资源投入和学制的延长能够降低不利的经济社会背景对学生的影响，促进教育公平（Agasisti & Longobardi, 2014）。

根据生态系统理论，家庭、同伴、学校等社会系统可以同时对青少年抗逆力产生作用。以往的一些研究考察了家庭、同伴、学校等因素是如何同时对青少年抗逆力产生影响的，进而分析不同因素影响的差异性。罗兰兰等（2020）研究发现，学校因素、同伴关系是影响留守幼儿抗逆力发展的重要因素，师生的亲密度和同伴的接纳度有助于提升留守幼儿的抗逆力。赵宁、彭大松（2019）通过定量数据分析北京大学生的抗逆力影响因素。研究发现大学生的抗逆力受到家庭、学校等外部因素的影响，学校因素中，大学生参与学校社团、校外兼职、得到老师的重视、成为班干部重点培养对象以及和谐的师生关系和同学关系等因素都有助于培养个体抗逆力。而家庭的经济条件、父母的近距离沟通等也有助于提升大学生的抗逆力。李燕平、杜曦（2016）研究发现，外部因素，如家庭因素、学校因素、社区因素等对有过留守经历的大学生具有重要正向作用。有学者将家庭因素和学校因素进行对比，研究发现家庭文化资本和经济资本对学生抗逆力提升更有效；学校氛围能显著正向影响学生抗逆力；学校氛围和家庭背景对学生抗逆力的作用机制是"相互加强"的效应，但是，家庭背景对学生抗逆力影响的贡献份额相对较小，而学校氛围能够更有效地解释学生抗逆力的形成（蒋帆、姚昊，2022）。另外，有学者从积极因素和消极因素的角度进行分析，认为个人、家庭和外部环境层面的因素影响了个人抗逆力的形成与发展。负面家庭事件、欺凌行为、不良师生关系等因素对流动青少年的抗逆力具有消极作用，而社区的集体效力对流动青少年的抗逆力具有积极作用（史丰源、高云娇，2020）。除此之外，一些研究发现多个系统对特殊群体具有同样的作用。周晓春（2017）通过分析"闲散"青少年的抗逆力，发现青少年家庭、朋辈和社区生态子系统的社会生态资产与青少年抗逆力都有显著的正相关关系。

对于青少年抗逆力复杂的影响机制，以往研究取得了重要进展。从研究方法来看，上述研究逐渐摆脱仅从理论上剖析青少年抗逆力的研究方式，而开始从定量和定性的角度探讨青少年抗逆力的影响因素，以及如何在实务中应用。同时，研究方法逐渐丰富和体系化，定量与定性相结合，注重方法的规范性和严谨性。从研究技术来看，以往研究从基本的描述性统计、多元线性回归到较为复杂的潜类别分析、分位数回归和门槛回归，越来越精细地考察青少年抗逆力的影响机制。这些方法为本研究提供了有益的借鉴，有利于更加深刻地思考青少年抗逆力影响因素的内在复杂机制。另外，上述研究使用了多种指标来测量青少年抗逆力、家庭因素、学校因素以及同伴因素，并且获得较一致的研究结论。

尽管上述研究在多个方面取得了进步，丰富了这一领域的研究成果，但仍然存在一些不足。首先，上述研究较少探讨家庭、学校、同伴等因素的相互作用是如何影响青少年抗逆力的。因为通过上文的分析发现，不同的生态系统对青少年抗逆力的影响是不同的，家庭因素、学校因素和同伴因素在青少年抗逆力的形成和发展上所起的作用也不是等价的，所以需要分析不同因素在模型中起到的作用以及因素相互之间的关系。这对于理解青少年抗逆力的影响机制具有重要意义。其次，上述研究较少探讨青少年抗逆力的异质性问题。由于青少年的生活环境不同，青少年抗逆力的诸多影响因素也会随之发生变化，因此需要在研究中将其进行区分，发掘其内部的差异性，为社会工作实践提供经验和依据。所以，本文在借鉴以往研究的基础上，以生态系统理论为指导，运用结构方程模型，分析家庭因素、同伴因素和学校因素对青少年抗逆力的影响机制，探讨这些因素的相互关系以及这些因素的相互作用对青少年抗逆力产生的影响。除此之外，本文也要探讨家庭因素、同伴因素和学校因素对城市与农村青少年抗逆力的影响是否具有差异性以及这种差异性的来源。

（二）研究假设

家庭因素、同伴因素和学校因素等对青少年抗逆力的影响在以往的研究中多有涉及，获得了一批有益的成果（罗兰兰等，2020；周晓春，2017；赵宁、彭大松，2019）。但是上述研究很少涉及不同环境因素之间的比较问题。本文期望将三种环境因素放入同一模型，探讨不同因素对青少年抗逆力影响的差异，分析何种环境因素对青少年抗逆力的影响最大。此外，本文对于家庭因素、同伴因素与学校因素的定义有所不同，所采用的指标也有所不同，为了能够验证家庭因素、同伴因素和学校因素对青少年抗逆力影响的稳定性，本文仍探讨家庭因素、同伴因素和学校因素对青少年抗逆力的影响，并形成以下假设。

假设1.1：家庭积极因素越多，青少年的抗逆力水平发展越高；
假设1.2：同伴积极因素越多，青少年的抗逆力水平发展越高；
假设1.3：学校积极因素越多，青少年的抗逆力水平发展越高；
假设1.4：与家庭积极因素、学校积极因素相比，同伴积极因素对青少年的抗逆力水平影响最大。

家庭因素、同伴因素、学校因素对青少年抗逆力具有重要的影响。但是三种环境因素之间是否具有相互影响的关系，并且这种关系是否影响青少年抗逆力在以前的研究中较少涉及。例如，在同一模型中，家庭因素是如何作用于学校因素和同伴因素并影响青少年抗逆力的？对于三种影响因素具有何种关系，本文认为家庭因素和学校因素对同伴因素产生影响，进而影响青少年抗逆力。青少年到了青春期，与家长的关系会发生变化，与父母的亲密度会降低，独立性逐渐增强，家庭因素的直接作用有可能降低。与此同时，在这一时期，同伴因素对青少年产生较大的影响。由于年龄相仿，他们可以共享很多生活中的事情，同伴的支持与理解成为青少年这一时期重要的情感依赖因素。学校因素虽然也在青少年的成长中扮演重要角色，但是相对于同伴因素，学校主要通过教学活动、体育活动、社团活动等方式对青少年施加影响，与学生难以建立亲密的关系。因此，相对于家庭因素和学校因素，同伴因素对青少年抗逆力的提升具有更为直接的作用。而家庭因素和学校因素通过同伴因素将作用传递到青少年抗逆力。根据以上分析，本文提出同伴因素的中介作用假设。

假设2.1：家庭因素通过同伴因素间接影响青少年的抗逆力水平，

同伴因素对家庭因素与青少年抗逆力存在中介作用。

假设2.2：学校因素通过同伴因素间接影响青少年的抗逆力水平，同伴因素对学校因素与青少年抗逆力存在中介作用。

假设2.3：家庭因素、学校因素通过同伴因素对青少年的抗逆力水平产生作用，同伴因素具有链式中介的作用。

在以往的研究中，农村青少年的抗逆力得到较多的关注。研究者从分析其影响因素到探讨具体的农村青少年抗逆力实务干预策略进行了充分的研究（周晓春等，2021；何玲，2015；刘玉兰、彭华民，2012；史丰源、高云娇，2020）。对于城市青少年，仅有部分研究探讨城市儿童与父母分离后抗逆力的变动及其影响因素（同雪莉、彭华民，2016）。农村青少年和城市青少年在生活环境、家庭环境以及学校环境等方面具有较明显的差异，这些差异是否以及如何影响农村青少年和城市青少年抗逆力需要在研究中加以证实。本研究在上述分析的基础上，继续探讨户籍差异是否能调节多种环境因素对青少年抗逆力的影响，即家庭因素、学校因素和同伴因素是如何影响农村青少年和城市青少年的抗逆力的。据此，本文形成以下假设。

假设3：户籍能够影响多种环境因素对青少年抗逆力的作用机制。家庭因素、学校因素和同伴因素对农村青少年抗逆力的影响不同于其对城市青少年抗逆力的影响。

三 数据、变量与方法

（一）数据

本研究使用中国教育追踪调查（CEPS）2014~2015学年的数据。该调查是由中国人民大学调查与数据中心发起的一项大型追踪调查，采用多阶段与规模成比例（PPS）抽样方法。2013~2014学年，对全国31个省区市（不包括港澳台）的28个县112所学校约2万名学生（七年级和九年级）

进行基线调查。2014~2015 学年，对 10279 名学生（七年级）进行追踪调查，完成9449 人，新增471 人。经处理，符合本文需要的样本共 7874 人。其中农村户口 4130 人（52.45%），城市户口 3744 人（47.55%）。

(二) 变量说明及操作

1. 因变量：青少年抗逆力

青少年抗逆力变量。本文借鉴同雪莉（2016）的测量方式，将青少年抗逆力操作化为三个维度：学业适应、认知适应、心理适应。学业适应操作化为学生在 2014 年秋季学期的期中考试成绩，包括语文、数学和英语的原始得分与满分。为保持指标的一致，将语文、数学和英语三科成绩分别操作化为 0~5 分，作为学业适应的三个观测变量，数值越大表示青少年学业适应越好。认知适应变量使用问卷的认知能力测试题，CEPS 为八年级学生设计了一系列的语言、图形、计算和逻辑等认知能力测试题，该测试题满分为 35 分，为了保持指标的一致，将数据转化为 5 分制使用，数值越大表示青少年的认知测试成绩越好。心理适应变量来自学生问卷，题目为"在过去的七天里，你是否有沮丧、抑郁、不快乐、生活没意思、悲伤等感觉？"，五分刻度的答案分别为"总是、经常、有时、很少和从不"。9 个题项正向赋值后加总求均值生成心理适应变量（1~5 分），分值越高则心理适应能力越强。内部一致性信度分析结果显示，学业适应和心理适应两个维度的 Cronbach's α 值分别为 0.84 和 0.92，各维度的信度系数均高于 0.7，表明该题目的信度较好。

2. 自变量：家庭因素、学校因素、同伴因素

家庭因素变量。该变量来自学生问卷，共 8 个题目，如"你父母是否经常与你讨论学校发生的事情？""你父母是否经常与你讨论你与同学的关系？""你父母是否经常与你讨论你与老师的关系？""你父母是否经常与你讨论你的心事或烦恼？"，三分刻度的答案分别是"从不、偶尔、经常"。通过探索性因子分析，该变量由两个维度组成，即父亲支持和母亲支持。内部一致性信度分析结果显示，两个维度的 Cronbach's α 系数分别为 0.82 和 0.84，各维度信度系数均高于 0.7，表明该变量的信度较好。

学校因素变量。由学生问卷中的三个维度组成，即教师支持、班级支持与学校归属感。教师支持题目为"语文老师/数学老师/英语老师在课堂上常常注意我""语文老师/数学老师/英语老师经常提问我";班级支持题目为"班里大多数同学对我很友好""我所在的班级班风良好";学校归属感题目为"我经常参加学校或班级组织的活动""我对这个学校的人感到亲近"。量表采用 4 点计分,从"完全不同意"到"完全同意"。三个维度的 Cronbach's α 系数分别为 0.88、0.66 和 0.66,表明该变量的信度可接受。

同伴因素变量。由学生问卷的三个维度组成,即同伴数量、同伴质量和同伴信任。同伴数量来自题目"你有几个最好的朋友?";同伴质量相关题目"上面提到的几个好朋友有没有以下几种情况?"分别就"学习成绩优良""学习努力刻苦""想上大学""逃课、旷课、逃学""违反校纪被批评、处分""打架""抽烟、喝酒""经常上网吧、游戏厅等""谈恋爱""退学了"10 个问题进行作答,采用 3 点计分,从"没有这样的"、"一到两个这样的"到"很多这样的";同伴信任题目为"当你想跟人聊天时,你首先会找谁?""当你遇到麻烦时,你首先会找谁?""当你需要帮忙时,你首先会找谁?",将首选"同学、好朋友"的赋值为 1,其他的赋值为 0,三个题项加总得到取值为 0~3 的同伴信任得分。同伴质量与同伴信任两个维度的 Cronbach's α 系数分别为 0.83 和 0.66,表明该变量的信度可接受。

3. 调节变量:户籍

由于城乡差异,农村青少年和城市青少年生活环境具有较大的差异,因此他们在家庭因素、学校因素和同伴因素方面,有可能具有较大的差异。为了分析户籍是否对三种社会系统与青少年抗逆力具有调节作用,本研究将户籍视为调节变量。将户籍划分为农村户口和城市户口,其中农村户口 =0,城市户口 =1。

4. 控制变量

考虑到人口统计学特征可能对青少年抗逆力产生影响,选取青少年的性别、身体健康水平以及父亲和母亲的受教育水平作为控制变量。

以上变量具体的描述性统计结果如表 1 与表 2 所示。

表 1　分类变量描述性统计结果 （N = 7874）

单位：人，%

变量名	类别	样本数	占比
性别	男	4035	51.24
	女	3839	48.76
户籍	城市户口	3744	47.55
	农村户口	4130	52.45

表 2　数值变量描述性统计结果 （N = 7874）

变量名	均值	标准差
身体健康水平	3.87	0.93
父亲受教育水平	4.27	1.98
母亲受教育水平	3.99	1.98
青少年抗逆力	3.38	0.64
学校因素	2.92	0.59
家庭因素	2.08	0.50
同伴因素	3.12	0.61

（三）统计方法

本研究使用 SPSS 26.0 和 Amos 28.0 进行数据分析，通过建立结构方程模型（SEM）验证家庭因素、学校因素、同伴因素与青少年抗逆力之间的关系，并采用 Bootstrap 方法进行中介效应检验，考察家庭因素、学校因素和同伴因素之间的关系。重复随机抽样次数为 5000 次，置信水平为 95%。

四　数据结果分析

（一）共同方法偏差检验

本研究由于使用自评的调查数据，因此可能存在共同方法偏差（周浩、龙立荣，2004）。所谓共同方法偏差，指的是同一数据源或评分者、同一测量环境与项目背景以及项目本身特性等，导致的预测变量与效标变量之间人为共变。针对这一问题,本文运用验证性因子分析,对各自评项目进行了共同方法偏差检验,发现该模型具有较差的拟合度,$\chi^2/df = 208.26$,GFI = 0.63,AGFI = 0.54,CFI = 0.34,NFI = 0.34,RMSEA = 0.16。拟合度较差意味着预测变量与效标变量之间没有共同方法偏差,所以不存在严重共同方法偏差问题。

(二) 变量的相关性分析

变量之间的皮尔逊相关性分析结果如表3所示,结果发现,青少年抗逆力与家庭因素、学校因素、同伴因素均呈显著正相关,家庭因素、学校因素与同伴因素之间也具有显著的相关关系,说明家庭因素、学校因素和同伴因素可以提升青少年抗逆力,同时三种因素之间也相互影响。另外,性别、户籍、身体健康水平以及父母的受教育水平等人口特征变量与青少年抗逆力之间也存在相关关系,所以作为控制变量纳入后续的回归模型。

表3 各变量的相关关系分析

变量	1	2	3	4	5	6	7	8	9
性别	1								
户籍	-0.02	1							
身体健康水平	0.06**	0.06**	1						
父亲受教育水平	-0.01	0.44**	0.06**	1					
母亲受教育水平	-0.02	0.45**	0.08**	0.68**	1				
家庭因素	-0.06**	0.10**	0.14**	0.18**	0.19**	1			
学校因素	-0.06**	0.07**	0.24**	0.10**	0.12**	0.35**	1		
同伴因素	-0.24**	0.09**	0.06**	0.11**	0.10**	0.14**	0.20**	1	
青少年抗逆力	-0.03**	0.09**	0.27**	0.15**	0.15**	0.23**	0.25**	0.24**	1

** $p < 0.01$。

(三) 结构方程模型结果分析

1. 结构方程模型分析

为探究家庭因素、学校因素、同伴因素与青少年抗逆力之间的关系和作用路径,本研究使用极大似然法来估计参数,对模型的适配度进行检验,并与 SEM 的重要指标进行对比来判断模型的适配度。图 1 为结构方程模型结果，可以看到家庭因素、学校因素和同伴因素与青少年抗逆力之间存在路径关系。结构方程模型是否有效需要判断模型的拟合效果。模型拟合效果如表 4 所示。从表 4 中可以看出，χ^2/df（卡方自由度比）的值较大。这是由于 χ^2/df 的值容易受到样本量大小的影响。侯杰泰等（2004）认为，由于卡方自由度比易受到样本量的影响，对评价单个模型的意义不大，所以在判断模型是否合适时，还要结合其他适配度指标的结果。从表 4 中可以看出，本模型的其他拟合指标都比较合适，说明该结构方程模型拟合效果较好。

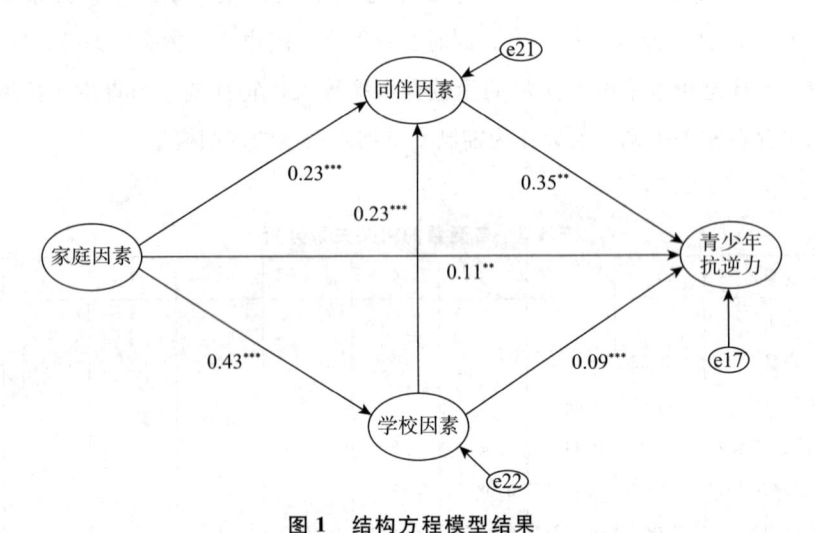

图 1　结构方程模型结果

注：(1) 图中系数为标准化系数；(2) ** $p<0.01$，*** $p<0.001$。

表 4　结构方程模型拟合效果指标评价

拟合指标	χ^2/df	AGFI	GFI	RMSEA	CFI	NFI	IFI
测量值	31.36	0.92	0.94	0.06	0.92	0.91	0.92
判断标准		>0.9	>0.9	<0.08	>0.9	>0.9	>0.9

在家庭因素、学校因素、同伴因素与青少年抗逆力关系模型整体拟合度良好的基础上，本研究对所提出的研究假设逐一进行检验。表 5 是拟合模型的路径分析结果。结果表明，家庭因素对学校因素、同伴因素与青少年抗

逆力的非标准化系数分别为 0.34、0.13 和 0.12，且 $p<0.001$ 或 $p<0.01$，表明家庭因素对学校因素、同伴因素与青少年抗逆力均具有显著正向影响。学校因素对同伴因素与青少年抗逆力的非标准化系数分别为 0.16、0.13，且 $p<0.001$，表明学校因素对同伴因素与青少年抗逆力均具有显著正向影响。同伴因素对青少年抗逆力的非标准化系数为 0.70，且 $p<0.01$，表明同伴因素对青少年抗逆力具有显著的正向影响。综合以上结果，假设 1.1、假设 1.2 和假设 1.3 得到证明。同时从结构方程模型结果来看，家庭因素、学校因素与同伴因素之间存在相互影响的关系，并且这种相互影响的关系又对青少年抗逆力产生了影响。

家庭因素、学校因素和同伴因素对青少年抗逆力都具有显著正向影响，并且通过比较三者的标准化系数，同伴因素对青少年抗逆力的影响最大。标准化系数虽然在一定程度上体现了自变量对因变量的影响程度，但是由于其不具有实际意义，受到部分研究者的反对（King，1986）。因此，为了检验各自变量对因变量的影响程度，本研究采用重要性分析（Dominance Analysis）来检验家庭因素、学校因素和同伴因素对青少年抗逆力影响的相对重要性。重要性分析是通过分解回归模型的 R^2 来确定自变量对因变量的相对重要性的。通过重要性分析，在控制其他变量的情况下，同伴因素的贡献度最大，重要性为 0.07；家庭因素的贡献度次之，重要性为 0.03；学校因素的贡献度最小，重要性为 0.028。所以综合以上结果，假设 1.4 得到证明，三种因素中，同伴因素对青少年抗逆力的影响最大。

表5 拟合模型的路径分析结果

路径	非标准化系数	标准化系数	标准误	CR 值
家庭因素→学校因素	0.34 ***	0.44 ***	0.02	20.89
学校因素→同伴因素	0.16 ***	0.23 ***	0.01	11.68
家庭因素→同伴因素	0.13 ***	0.23 ***	0.01	11.86
家庭因素→青少年抗逆力	0.12 **	0.11 **	0.04	3.47
学校因素→青少年抗逆力	0.13 **	0.09 **	0.04	3.45
同伴因素→青少年抗逆力	0.70 **	0.35 **	0.22	3.25

** $p<0.01$，*** $p<0.001$。

2. 中介效应检验

对中介效应进行检验，学校因素、同伴因素在结构方程模型中的中介效应如表6所示。家庭因素通过影响同伴因素对青少年抗逆力具有间接效应，且中介效应显著，通过同伴因素产生的间接标准化效应值是0.08。而家庭因素通过影响学校因素和同伴因素对青少年抗逆力具有间接效应，且链式中介效应显著，链式中介标准化效应值为0.04。总体来看，家庭因素到青少年抗逆力路径中直接效应＞同伴因素的间接效应＞二者的链式中介效应（0.11＞0.08＞0.04），表明同伴因素在家庭因素到青少年抗逆力的路径中起到了部分中介作用，并且具有链式中介作用。同样，学校因素通过作用于同伴因素而对青少年抗逆力产生间接效应，且中介效应显著，通过同伴因素产生的间接标准化效应值为0.08。学校因素对青少年抗逆力产生的直接标准化效应值为0.09，因此，同伴因素在学校因素到青少年抗逆力的路径中起到了部分中介作用。但是家庭因素通过学校因素产生的间接效应不显著。综合以上结果，假设2.1、假设2.2和假设2.3得到证明，同伴因素对家庭因素、学校因素与青少年抗逆力具有中介效应。

表6 中介效应检验

路径	标准化效应值	标准误	Bias-corrected 95% CI 下限	Bias-corrected 95% CI 上限	Percentile 95% CI 下限	Percentile 95% CI 上限
家庭因素→同伴因素→青少年抗逆力	0.08	0.06	0.01	0.19	0.02	0.23
学校因素→同伴因素→青少年抗逆力	0.08	0.04	0.02	0.16	0.02	0.18
家庭因素→学校因素→青少年抗逆力	0.04	0.02	0.01	0.08	-0.01	0.07
家庭因素→学校因素→同伴因素→青少年抗逆力	0.04	0.02	0.01	0.07	0.01	0.08

3. 青少年抗逆力的异质性分析

由于户籍的不同，青少年面临的家庭因素、学校因素和同伴因素都会具有差异性。为了分析青少年抗逆力在户籍上的异质性，本研究进一步运用结构方程模型的多群组分析法，分析城市和农村群组对应的模型之间是否存在差异。

对未受限制模型、测量加权模型、结构加权模型、结构协方差模型、结构残差模型、测量残差模型的输出结果进行比较。未受限制模型与受限制模型均可辨识，且适配度指数 RMSEA 值在 0.04~0.05，均小于 0.08，TLI 值和 CFI 值均大于 0.90，未受限制模型与受限制模型均具有多群组效度。根据最小 AIC 值与 ECVI 值竞争模型选择标准，最终选择未受限制模型为多群组分析模型（吴明隆，2009）。将受限制模型与未受限制模型进行比较，在假设参数未受限制模型为真的情况下，卡方值差异达到显著性水平，$\Delta p < 0.05$，因此整体上城市和农村群组在路径系数上存在显著差异，也就是说，户籍对模型总体具有调节作用。

由于城市与农村群组的路径系数存在显著差异，因此需要进一步探讨城市和农村群组在哪些路径系数上存在差异。可通过不同群组间路径系数差异的临界比值判断不同群组路径系数差异是否具有统计学意义，从而检验是否调节相应的路径关系。判断的标准是临界比值的绝对值是否大于 1.96，当显著性水平为 0.05 时，如果统计量的绝对值大于 1.96，则可解释为在 0.05 的显著性水平下，两组的路径系数值具有显著差异（荣泰生，2009）。

由表 7 可得，农村群组和城市群组的家庭因素到学校因素的路径系数差异的临界比值的绝对值为｜-3.55｜>1.96，因此其路径系数值具有显著差异，即户籍在家庭因素对学校因素的影响中具有调节作用。由其标准化系数可知，相比城市青少年，农村青少年家庭因素对学校因素产生的影响更大。同理，户籍在家庭因素对青少年抗逆力的影响（｜-4.32｜>1.96）、学校因素对青少年抗逆力的影响（｜-2.51｜>1.96）、同伴因素对青少年抗逆力的影响（3.58>1.96）中均具有调节作用。说明户籍影响了三种因素对城市和农村青少年抗逆力的作用机制。两群组相比较，同伴因素对农村青少年抗逆力的影响并不显著，而家庭因素对城市青少年抗逆力影响的直接路径也不显著。这与总体样本的结果相比，具有差异性。总体样本结果显示三种因素对青少年抗逆力均具有影响，但是分组样本中，家庭因素和同伴因素都出现了不显著的结果，表明三种因素对青少年抗逆力的作用机制受调节因素的影响，进而出现差异。综合以上结果可以发现，户籍具有调节作用，三种因素对农村与城市青少年抗逆力的影响具有差异，假设3得到证明。

表7 不同户籍群组的标准化系数及路径系数差异的临界比值

路径	标准化系数 农村	标准化系数 城市	路径系数差异的临界比值
家庭因素→学校因素	0.46 ***	0.39 ***	-3.55
学校因素→同伴因素	0.03 ***	0.23 ***	-1.75
家庭因素→同伴因素	0.02 ***	0.29 ***	0.66
家庭因素→青少年抗逆力	0.19 ***	0.03	-4.32
学校因素→青少年抗逆力	0.17 ***	0.07 *	-2.51
同伴因素→青少年抗逆力	0.03	0.47 ***	3.58

* $p < 0.05$, *** $p < 0.001$。

五 结论与讨论

本文利用 CEPS 2014~2015 学年的调查数据，在生态系统理论的基础上，运用结构方程模型，考察了青少年抗逆力的影响机制。研究结论如下。（1）家庭因素、学校因素与同伴因素对青少年抗逆力都具有显著的相关关系，与其他两种因素相比，同伴因素对青少年抗逆力的影响最大。（2）同伴因素对家庭因素、学校因素与青少年抗逆力具有中介作用。形成了家庭因素→同伴因素→青少年抗逆力、学校因素→同伴因素→青少年抗逆力两种中介路径以及家庭因素→学校因素→同伴因素→青少年抗逆力链式中介路径。（3）家庭因素、学校因素与同伴因素对农村青少年与城市青少年抗逆力的影响具有差异性，即户籍的调节作用对三种因素与青少年抗逆力的关系产生了影响，导致城市和农村青少年抗逆力的影响机制出现了不同。

本文进一步验证了社会生态系统对青少年抗逆力具有重要的作用。以往的研究发现家庭因素、学校因素和同伴因素对青少年抗逆力具有积极的影响（韩丽丽，2014；蒋帆、姚昊，2022；赵宁、彭大松，2019），但是上述研究较少探讨何种社会因素对青少年抗逆力的影响最大。本文发现在三种因素中，同伴因素对青少年抗逆力的解释力最大，进一步完善了生态系统理论视角下青少年抗逆力的影响机制。同伴因素对青少年抗逆力影响较大的原因可能是青少年正处于青春期，独立意识逐渐增强，渴望摆脱家长的控制，与同伴群体的关系逐渐变得亲密，同伴群体的影响力逐渐增大。因此，同伴因素才变成对青少年抗逆力影响最大的因素。对于社会工作实践而言，在介入青少年服务对象时，考虑到青少年的特点，社会工作者可以从同伴因素入手，将同伴群体引入社会工作的介入方案，努力提升青少年的抗逆力水平。

另外，本文不仅探讨了各社会因素对青少年抗逆力的作用，还进一步分析了各社会因素之间的关系是如何影响青少年抗逆力的，发现了各生态系统与青少年抗逆力的复杂关系。各生态系统除了对青少年抗逆力产生直接影响之外，相互之间也会产生影响，并通过复杂的中介路径影响青少年抗逆力。孔普弗（Kumpfer，1999）强调个体与环境之间的互动，而本研究的结果也提示我们各生态系统之间的相互作用以及生态系统与其他情境因素之间的相互影响也会对青少年抗逆力产生不同的作用方式。这意味着在提升青少年抗逆力时，要同时考虑家庭因素、学校因素与同伴因素。例如，社会工作者在设计介入方案时，从服务对象的生态系统出发，多个子系统同时介入，这样家庭因素可以影响服务对象与同伴群体的交往，进而通过同伴群体影响服务对象。而学校因素也可以通过影响同伴群体来影响服务对象。这与周晓春（2017）的研究具有相似的结论，社会工作者要推动家庭、学校和朋辈群体之间的联系，促进青少年抗逆力的提高。

最后，本文研究发现户籍影响了家庭因素、学校因素和同伴因素对青少年抗逆力的作用。区分青少年的户籍状况，使我们能够更加精确地了解社会系统因素对青少年抗逆力的影响。在分组样本中，由于农村青少年和城市青少年生活环境不同，其在多个方面具有差异性。虽然农村青少年和城市青少年的抗逆力会受到各社会系统因素的影响，但是结果显示不同的生态系统对农村青少年和城市青少年抗逆力的影响具有差异性。对于农村青少年来说，家庭因素和学校因素都能提升其抗逆力。而对于城市青少年来说，同伴因素和学校因素也对其抗逆力产生了重要影响。这种结果有可能是户籍的调节作用导致的。主要原因是，在当前的社会背景下，户籍仍然是划分城乡居民属性的重要标准，不同的户籍意味着青少年的家庭、学习和社会生活环境不同。此外，即使部分青少年由于父母外出务工，随父母从农村来到城市学习和生活，这些孩子也多生活在城乡接合部或老旧小区，其生活和学习与城市青少年仍具有差异。这些差异对各社会系统如何影响农村和城市青少年抗逆力产生了影响。以往研究曾单独分析流动儿童或留守儿童抗逆力的影响因素（周晓春等，2021；罗兰兰等，2020），但较少将城市青少年纳入模型之中进行分析。本研究的差异性作用机制加深了我们对生态系统视角下各因素影响青少年抗逆力的认识。这启示我们在实践中，社会工作者要将青少年的户籍身份纳入介入方案之中，针对不同户籍的青少年服务对象，实施具有针对性的干预策略，以便更准确和更有效地提升青少年抗逆力。

虽然本文分析了家庭因素、学校因素和同伴因素对青少年抗逆力的复杂影响机制，但是仍然存在一些不足。首先，青少年抗逆力同时受到保护因素和危险因素的影响，保护因素与危险因素是如何同时对青少年抗逆力产生影响的？青少年是如何消化这些因素对自身的影响的？其次，不同文化环境下青少年抗逆力具有差异性，因此需要将文化因素引入研究框架中来探讨青少年抗逆力。最后，由于数据的缺乏，本文缺少对学校因素、家庭因素和同伴因素与青少年抗逆力因果关系的分析。这些问题需要在未来的研究中进行探讨。

参考文献

陈香君、罗观翠，2012，《西方青少年抗逆力研究述评及启示》，《海南大学学报》（人文社会科学版）第3期。

韩丽丽，2014，《学困生抗逆力风险因素与保护因素分析——基于对266名学困生的问卷调查》，《首都师范大学学报》（社会科学版）第6期。

何玲，2015，《流动儿童的抗逆力与自尊、社会支持、自我效能感的关系研究》，《首都师范大学学报》（社会科学版）第3期。

侯杰泰、温忠麟、成子娟，2004，《结构方程模型及其应用》，北京：教育科学出版社。

蒋帆、姚昊，2022，《家庭背景、学校氛围如何影响学生抗逆力？——基于PISA 2018的实证分析》，《基础教育》第1期。

靳小怡、刘红升，2018，《农民工教养方式与流动儿童心理弹性：特征和关系》，《西安交通大学学报》（社会科学版）第2期。

李燕平、杜曦，2016，《农村留守儿童抗逆力的保护性因素研究——以曾留守大学生的生命史为视角》，《中国青年社会科学》第4期。

刘玉兰、彭华民，2012，《儿童抗逆力：一项关于流动儿童社会工作实务的探讨》，《华东理工大学学报》（社会科学版）第3期。

罗兰兰、侯莉敏、吴慧源，2020，《民族地区农村留守幼儿抗逆力的发展：师幼关系、同伴关系的影响》，《陕西学前师范学院学报》第6期。

马伟娜、桑标、洪灵敏，2008，《心理弹性及其作用机制的研究述评》，《华东师范大学学报》（教育科学版）第1期。

毛向军、王中会，2013，《流动儿童亲子依恋及对其心理韧性的影响》，《中国特殊教育》第3期。

彭阳、王振东、申雯，2015，《流动儿童家庭关怀、正性情绪对心理韧性的影响》，《中国临床心理学杂志》第4期。

荣泰生，2009，《AMOS与研究方法》（第2版），重庆：重庆大学出版社。

史丰源、高云娇，2020，《生态系统理论视域下的流动青少年抗逆力影响因素及其作用机制》，《武汉理工大学学报》（社会科学版）第4期。

史晓宇、何颖鑫、刘视湘、何丽，2020，《精准帮扶背景下城市低保青少年家庭的困境与抗逆力——以北京市Z街道为例》，载黄希庭主编《社区心理学研究》（第十卷），北京：社会科学文献出版社。

同雪莉，2016，《留守儿童抗逆力生成研究——整合定性与定量的多元分析》，博士学位论文，南京大学。

同雪莉、彭华民，2016，《城市儿童与父母分离后的抗逆力重组研究——基于中国教育追踪调查2013-2014基线调查结果》，《首都师范大学学报》（社会科学版）第5期。

Walsh, F., 2013，《家庭抗逆力》，朱眉华译，上海：华东理工大学出版社。

吴明隆，2009，《结构方程模型——AMOS的操作与应用》，重庆：重庆大学出版社。

张杰、何东侠，2017，《跨越个体与系统：青少年抗逆力研究的反思》，《当代青年研究》第2期。

赵宁、彭大松，2019，《大学生抗逆力的外部影响因素分析——以北京市高校为例》，《学术论坛》第6期。

周浩、龙立荣，2004，《共同方法偏差的统计检验与控制方法》，《心理科学进展》第

6期。

周晓春，2017，《社会生态资产与城市"闲散"青少年抗逆力》，《青年研究》第3期。

周晓春、韩旭冬、张肖蒙、尹姝亚、聂睿，2021，《留守儿童抗逆力提升的历奇干预：基于混合方法试验研究的项目可行性探讨》，《社会工作与管理》第4期。

Agasisti, T. & Longobardi, S. 2014. "Educational Institutions, Resources, and Students' Resiliency: An Empirical Study about OECD Countries." *Economics Bulletin* 34 (2): 1055 – 1067.

Bronfenbrenner, U. 1979. *The Ecology of Human Development: Experiments by Nature and Design*. MA: Harvard University Press.

Gitterman, A. & Germain, C. B. 1976. "Social Work Practice: A Life Model." *Social Service Review* 50 (4): 601 – 610.

Greene, R. R. 2008. "Carl Rogers and the Person-centered Approach." In R. R. Greene (ed.), *Human Behavior Theory and Social Work Practice* (pp. 113 – 132). NJ: Transaction Publishers.

King, G. 1986. "How Not to Lie with Statistics: Avoiding Common Mistakes in Quantitative Political Science." *American Journal of Political Science* 30 (3): 666 – 687.

Kumpfer, K. L. 1999. "Factors and Processes Contributing to Resilience." In M. D. Glantz & J. L. Johnson (ed.), *Resilience and Development: Positive Life Adaptations* (pp. 179 – 224). NY: Kluwer Academic/Plenum Publishers.

Payne, M. 2021. *Modern Social Work Theory*. Basingstoke: Palgrave Macmillan.

Rutter, M. 1985. "Resilience in the Face of Adversity: Protective Factors and Resistance to Psychiatric Disorder." *The British Journal of Psychiatry* 147 (6): 598 – 611.

Rutter, M. 1990. "Psychosocial Resilience and Protective Mechanisms." In J. Rolf, A. S. Masten, D. Cicchetti, K. H. Nuechterlein, & S. Weintraub (ed.), *Risk and Protective Factors in the Development of Psychopathology* (pp. 181 – 214). Cambridge: Cambridge University Press.

Sandler, I., Wolchik, S., Davis, C., Haine, R., & Ayers, T. 2003. "Correlational and Experimental Study of Resilience in Children of Divorce and Parentally Bereaved Children." In S. S. Luthar (ed.), *Resilience and Vulnerability: Adaptation in the Context of Childhood Adversities* (pp. 213 – 240). Cambridge: Cambridge University Press.

Werner, E. E. & Smith, R. S. 1992. *Overcoming the Odds: High Risk Children from Birth to Adulthood*. NY: Cornell University Press.

【残障社会工作研究】

残障人士就业行动过程探究

——基于生命历程理论视角

王艳红　窦文英　范明林[*]

摘　要　残障人士就业不仅是一个迫切的现实问题，也是一个值得深入探讨的理论问题。本文基于生命历程理论视角，运用口述史的方法从6位残障人士的生命故事出发，探寻他们的就业状态及特点，并分析促动残障人士主动就业的因素，从而寻求社会工作介入残障人士就业服务的策略。研究发现，不同残障人士的就业状态有所不同，并展现了不同的特点。通过资料分析发现，不同年龄段所处的时代特点和时空转变中的政策完善，个人能动性中的人格特质和自我增能，相互联系的生活中的家庭、朋辈、残联及社会组织的支持，以及初始累积因素和时间累积因素等均对残障人士的就业主动性产生了影响。基于此，本文将社会工作服务的专业意识和不同角色功能的发挥与影响残障人士就业主动性的因素相结合，建立了一个介入残障人士就业服务的模型，以

---

[*] 王艳红，上海新途社区健康促进社总干事，高级社会工作师，主要研究方向为健康社会工作、社会工作服务机构管理等；窦文英，上海大学社会工作专业硕士研究生，主要研究方向为残疾人社会工作；范明林，上海大学社会学院教授、博士生导师，主要研究方向为社会工作教育、学校社会工作等。

期助力残障人士就业。

关键词 生命历程理论 残障人士 主动就业 社会工作

一 问题提出

残疾人就业已经成为一个世界性的难题，尽管西方社会强调有偿工作是残疾人融入社会的关键途径，并且已经探索和创设了一些替代空间来为残疾人的社会包容和得到有意义的"工作"提供更多的机会，例如，残障人士能够在公共部门、工会、社会企业以及志愿服务和艺术活动等领域获得有偿和无偿就业的机会（Barnes & Mercer, 2005; Hall & Wilton, 2011）。中国在国家层面上出台了各类政策法规来保障残障人士就业，但截至2021年底，仍有800余万就业年龄段持证残疾人未实现就业。① 究其原因，主观层面上，很多残障人士由于自身生理障碍，心理上产生自卑感（刘晶，2021），对自身职业价值缺乏了解，存在自我设限和逃避等消极应对方式，主动就业意识不强（柯蒙，2019；邱淑女、王葆红，2017；刘舒等，2021）。客观层面上，残疾人生理条件存在不足，在身体素质、行动能力、文化程度和劳动技能方面受限较大，社会竞争力和岗位适应力较弱（解韬等，2021）。与此同时，传统观念导致社会上对残障人士存在错误的认知观念和固有的偏见（卢时秀、张微，2014），而且随着产业结构的升级，用人单位的标准和技能要求越来越高，从而缩小了残障人士的就业范围，导致其在劳动力市场上越来越处于劣势。此外，企业与残障人士之间就业信息不对称（邱淑女，2014），政府和社会对残障人士的职业指导和技能培训不足，这些都成为残障人士就业的主要障碍。

上述残障人士的就业状况以及相关研究现状让笔者意识到，只有对残障人士及其就业进程予以深入探究，才能对问题有较为全面的把握和提出切实有效的对策建议。生命历程理论注重个体生命事件的发生与社会事件

---

① 《城乡残疾人就业规模达881.6万人》，中国政府网，http://www.gov.cn/xinwen/2022-04/14/content_5685156.htm，最后访问日期：2023年10月30日。

和历史进程的相互影响以及后者对个体的生命轨迹或方向发生转变的重大意义。因此，本文尝试探讨以下三个具体问题：第一，残障人士在就业过程中呈现了怎样的主动性状态？它有什么基本特征？第二，基于生命历程理论视角，哪些因素促动残障人士在就业方面的主动性？第三，社会工作者如何介入残障人士就业服务？

二 研究框架和研究方法

作为生命历程研究中的回顾性研究，本文将通过生命历程的四个基本原理——一定时空中的生活、个人能动性、相互联系的生活、生活的时间性，描绘发生在残障人士生命历程中的生命故事，尤其是其寻找工作的经历，从而发现其就业主动性的促进或阻碍因素。由此，本文以图1为分析框

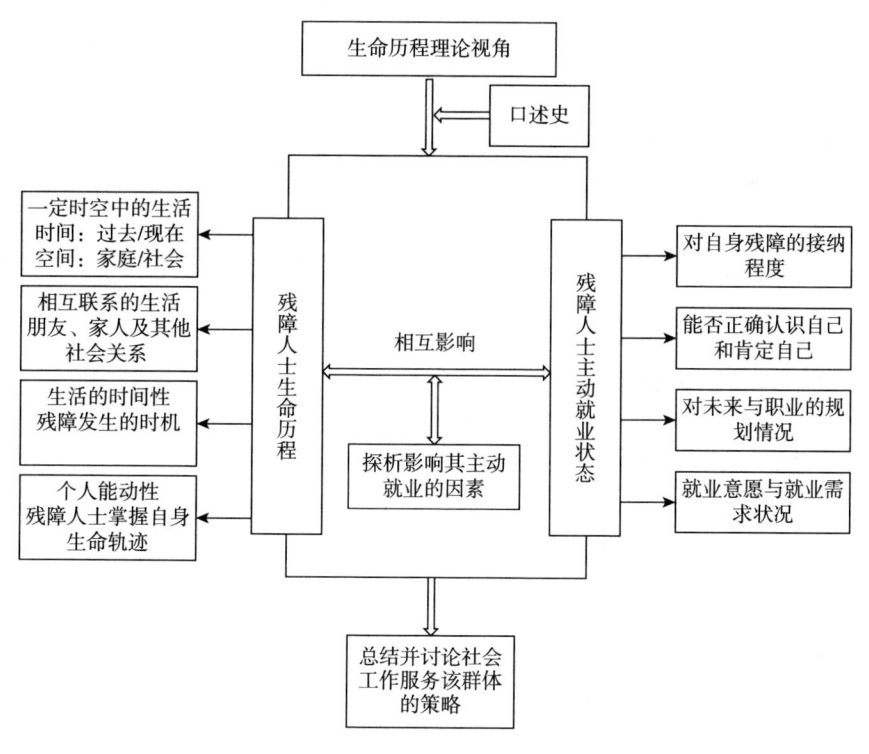

图1 研究分析框架

架和研究进路，采用口述史的研究方法，选择了 6 位残障人士作为研究对象。为了使研究样本更具有典型性和丰富性，研究者综合考量了残障类型、残障者年龄及性别等方面因素，研究对象基本资料如表 1 所示。

表 1 表明，研究对象年龄在 25～69 岁，学历为中学到大学本科不等，大多数研究对象是后天残疾。为了保证口述者的匿名性，每人都有一个编码标识符。

表 1 研究对象基本资料

编号	性别	年龄（岁）	学历	先天/后天	残障类型
SH	男	68	中职	后天	脊柱损伤
XY	女	35	大专	后天	脊柱损伤
JQ	男	69	中职	后天	脊柱损伤
HZ	男	25	本科	先天	视力障碍
XS	男	37	高中	后天	精神障碍
JB	男	34	初中	先天	智力障碍

三 残障人士就业历程及特征分析

通过对访谈资料的深入分析，大致可以归纳出残障人士的三种就业状态：积极就业、就业寻觅以及放弃就业。

（一）曲折的积极就业之路

访谈对象 JQ、SH、XY 均是发生意外患脊柱损伤成为残障人士，在度过极度痛苦的一段时间后，他们积极主动寻找工作，最终实现就业。有先天智力障碍的 JB 也通过积极求助的途径最终找到了适合自己的工作。其中，SH 的经历颇具代表性。

研究对象 SH 在就业方面的努力、挣扎、不放弃以及最后的积极主动，都较为充分地显现了一部分残障人士自强不息的个性，其伤残和就业历程如图 2 所示。

访谈对象 SH 提起自己的过往经历，至今感慨万千，难以言表。

残障人士就业行动过程探究　41

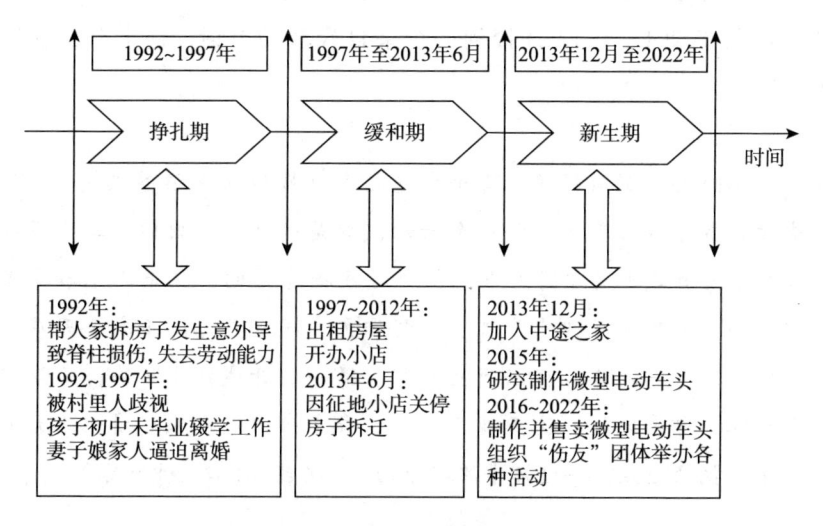

```
          1992~1997年      1997年至2013年6月    2013年12月至2022年
    ────▶  挣扎期    ────▶   缓和期    ────▶   新生期    ────────▶ 时间
              ▲                 ▲                 ▲
              ▼                 ▼                 ▼
    ┌──────────────┐  ┌──────────────┐  ┌──────────────┐
    │1992年：       │  │1997~2012年： │  │2013年12月：   │
    │帮人家拆房子发生│  │出租房屋       │  │加入中途之家   │
    │意外导致脊柱损伤│  │开办小店       │  │2015年：       │
    │失去劳动能力   │  │2013年6月：    │  │研究制作微型电 │
    │1992~1997年：  │  │因征地小店关停 │  │动车头         │
    │被村里人歧视   │  │房子拆迁       │  │2016~2022年：  │
    │孩子初中未毕业辍│  │              │  │制作并售卖微型 │
    │学工作         │  │              │  │电动车头       │
    │妻子娘家人逼迫离│  │              │  │组织"伤友"团体 │
    │婚            │  │              │  │举办各种活动   │
    └──────────────┘  └──────────────┘  └──────────────┘
```

图 2　SH 的伤残和就业历程

我是 1992 年帮人家拆房子摔下来受伤的，从那以后失去劳动能力，也失去经济能力，经济能力挺差的。那二十多年是怎么过来的，一言难尽啊。家里也反对，包括我们村庄什么人都看不起你。反正你这一家完蛋了，所以我的小孩上学初中都没毕业，就工作了，没有办法呀。亲戚包括我老婆的两个姐姐叫她离婚啊什么的，他们从来不到我家的。那时候真的度日如年。（摘自 SH 口述史记录）

即使如今他的生活状况有了极大的改善，那段时间也是他抹不去且不愿回忆的伤痛。五年后（1997），SH 的身体状况稍有改善，但是窘迫的生活迫使他不得不开始为家庭的生计谋划出路。

受伤四五年，还是后来我脑子稍微灵一点，在马路边搞了个临时房，开了个小店，也有了一点收入。……我受伤以前，家里本来房子造好了，三层楼，那时候把它们出租，生活稍微好点了，二十多年就这样勉强过来了。但后来征地，小店关掉了，房子拆迁了。（摘自 SH 口述史记录）

因为征地有了每月的固定收入，SH 的生活逐渐有了起色。但真正改变他的生活的是 2013 年 12 月接到一个来自残联的电话，这至今也在影响着他。

> 2013 年底的时候呢，有个中途之家（残障人士服务机构——研究者注）联系我希望我参加一个活动，那是我第一次出门。二十多年来我从来没有走出过方圆五百米，那时候挺迷茫的，就是二十多年不出门了……当时没有智能手机啊、电脑啊。那天我想反正我今天花一天时间，过了一段路就可以问问人家。第一次开残疾车出去，从浦东开到松江，冒着风险，反正嘴长在自己身上可以问人家，对吧。大概三个小时找到地点，穿过那个路挺难的。（摘自 SH 口述史记录）

SH 于 2013 年底加入中途之家，参加各种活动、培训及进行康复，并且在组织里认识了很多肢体残障人士，获取了同辈支持。时隔二十多年终于走出了家门，重新接触社会，SH 觉得自己的生活有了新的希望。就是在中途之家，SH 看到了机构负责人 2015 年去台湾参观调研带回来的相关资料，这是 SH 开始研究电动残疾车车头及人生改变的又一个契机。

> 大概在 2015 年，我看到台湾残疾车车头录像，就自己一个人慢慢在家里做，我都是去外边加工，加工主要画了图纸，加工以后，由我装配，有的也是我自己做的，像打眼啊、电焊啊都是我自己做。第一个车头大概做了一个月吧。现在定型了，已经是第五代了。现在一个车头装完也就一个星期吧。像我们上海有好多，特别是将近七十岁的，以前也不是都开残疾车的，女同志也有好多，我的车头大部分，百分之六十五左右是给女同志装的。她们觉得重量轻，使用方便。像上海市里面我的车头已经供应了两三百个。（摘自 SH 口述史记录）

2016 年他通过自身的研发，成功制作出了微型电动残疾车车头并开始售卖，给自身增收的同时还惠及了希望之家（之前名称为中途之家）中年岁大和力气相对较小的女性肢体残障人士，开启新工作的同时也实现了自身价值。随着车头的成功制作和售卖，SH 不仅提升了自身的生活质量，还解决了很多肢体残障人士的出行困难，这也使得他收获了很多人的谢意，交到了很多肢体残障人士朋友，并由此自发组织了一个微型电动残疾车车头旅游团队，在上海及周边城市旅游。这个过程，让 SH 变得更加开朗和乐观，生活也更加充实。

研究对象 XY 的经历与 SH 相比有较大的不同，其就业历程大致如图 3 所示。

```
时间轴：
2003年：挣扎期
2004~2013年：缓和期
2014~2022年：新生期

2003年：
初中毕业后突患脊柱损伤

2004~2013年：
在家做康复训练
读夜大学习行政管理专业
学习财务知识
考驾照
考取职业技能类证书
在各网络平台海投找工作

2014~2015年：
在银行做装信封的工作
在中途之家做志愿者
2016~2022年：
从银行离职，做会计
```

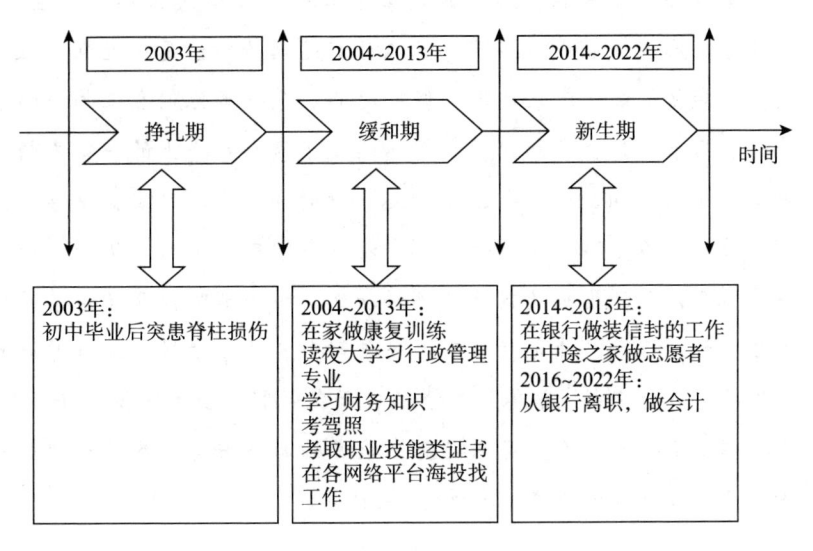

图 3　XY 的就业历程

访谈对象 XY 是 2003 年初中毕业的时候突患脊柱损伤，这对当时只有 17 岁像花一样的年纪的她来说不论是生理上还是心理上都是非常沉重的打击。

受伤时我还是个学生，是在 17 岁的时候。从楼梯下来后突然之间就不能动了。不像人家小朋友从小不知道的那种还好一点，像我这种已经懂事了，这种打击是很大的，像天塌下来呀……当时生病了就不想活了啊……因为生病心里感觉很痛苦的，突然之间就不能走了。每次说这个就感觉都很痛苦的。好好的一个人，为什么突然之间，突然

之间会落到我身上了？（摘自 XY 口述史记录）

在父母的悉心照顾与关心下，XY 的痛苦渐渐平复，她开始接受自己生病这个事实并进行康复训练。XY 与之前已经就业的同学沟通交流后产生了就业的想法，但她深知以她目前各方面状况都不足以实现就业，于是她开始努力提升自己。

家里每天照顾我，后来想想如果我死了父母怎么办，就生一个，独生子女嘛。已经成事实了，只能好好地活着。于是一直在家里，先是进行康复训练，后来就跟曾经一起的小伙伴聊他们在工作中的很多事情，后来就想去参加工作，想体验一下这个社会上的一些事情。中间有十年的时间，这十年，先康复一段时间，康复好了去上学，因为找工作也并不是那么容易的事情，还有去学车什么的。就等于慢慢跟这个社会接触，原来是脱轨的那种状态。……那时候开始是学的行政管理，读的夜大，读完夜大后再去学财务。就等于提前做好考证的那种准备，各种证书我好像还蛮多的，面包师啊、手语啊各种证书都有，也可以说是丰富自己。我就提前把该考的都弄好呀，然后我就刷招聘网，不管三七二十一就投简历。（摘自 XY 口述史记录）

XY 在十年间（2004~2013）做了身体上和知识上的前期准备，然后开始通过各网络招聘平台海投简历来找工作。2014 年 XY 找到了她的第一份工作，2016 年她从银行离职，重新开始找一个更适合自己的工作。

第一份工作是在银行里面将信用卡的那个账单塞进信封，感觉比较吃力。第二个工作就是现在做了很多年的财务，我感觉挺好的，因为相对来说比较自由嘛，并且手动得少，动脑比较多。做财务这一块稳定，我对自己能够找到一份相对来说稳定的工作感觉挺好的。有想过不断提高自己，财务有初级、中级、高级证书，可以找到更好的发展方向。（摘自 XY 口述史记录）

2014 年 XY 被 P 区的残联邀请到中途之家为其他肢体残障人士服务，这对 XY 来说，在帮助到其他有需要的肢体残障人士的同时也缓解了自己工作的疲惫，以及促使 XY 改变心态，更加积极地面对生活。

（二）艰难的就业寻觅经历

研究发现，不少残障人士一直在寻觅工作，HZ 就是一个典型。他一直试图通过不断的努力提升自己，找寻更适合自己并能使自己过上更好生活的工作。这个过程让他的态度也越来越积极，前路也越来越广阔，其就业历程如图 4 所示。

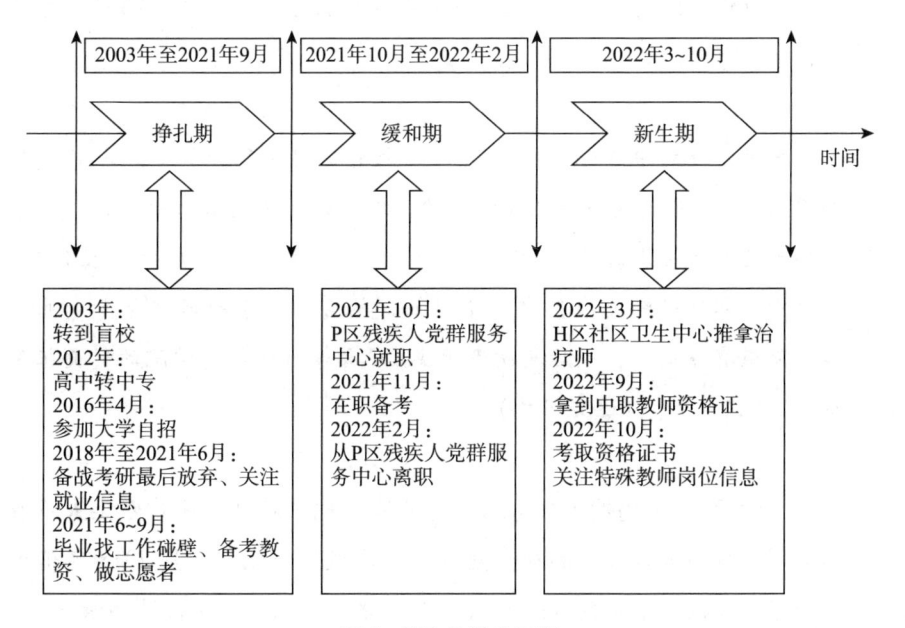

```
2003年至2021年9月        2021年10月至2022年2月      2022年3~10月
   挣扎期                    缓和期                   新生期            时间

2003年：               2021年10月：              2022年3月：
转到盲校              P区残疾人党群服务         H区社区卫生中心推拿治
2012年：              中心就职                  疗师
高中转中专            2021年11月：              2022年9月：
2016年4月：           在职备考                  拿到中职教师资格证
参加大学自招          2022年2月：               2022年10月：
2018年至2021年6月：   从P区残疾人党群服         考取资格证书
备战考研最后放弃、关注 务中心离职               关注特殊教师岗位信息
就业信息
2021年6~9月：
毕业找工作碰壁、备考教
资、做志愿者
```

图 4　HZ 的就业历程

HZ 是先天视力障碍，但是他的心态一直在发生改变：从完全没有意识到自己与其他人存在不同到受环境的影响逐渐意识到自己与他人的差异。

小时候在上幼儿园时，我不知道自己跟别人是不一样的。后来就听到一些负面消极的声音，才开始意识到自己（跟别人）是有区别的。就是外界会不断地给你灌输这种思想：你身体不行，你不要出来给我

们添麻烦。我在小学时属于一种随班就读的状态。说得直接一点，就是只要我不闹事，老师就不管我。作业想做的就做，不做老师也不管。这个情况就会造成一方面跟不上课业进度，另一方面对以后的发展也不是很好。……因为自己的这个情况，家里也比较着急。后来家人从一些媒体上了解到有这么一个特殊学校。觉得这个地方可能对我以后的发展会比较有利，就让我转学到了特殊学校里面。（摘自HZ口述史记录）

2012年，HZ又因为视力下降较为严重从特殊学校的高中部转到了中专部，加上信息较为闭塞，导致他2016年4月参加综合类大学自招时志愿填报的选择十分有限。

当时学校的中专部，也有这种考上全日制本科的机会。当时我只知道CC大学是我这个情况可以考的，现在知道全国有三所学校。那个时候也没有认真看过它的招生简章之类的，都是听朋友口口相传嘛。当时中专部只有针灸推拿这一个专业，然后考大学的话就是本专业可能会稍微有点优势，最后我就考上了CC大学特殊教育学院的针灸推拿专业。（摘自HZ口述史记录）

进入大学后，HZ仍然十分努力，与此同时他了解到一些对残疾人不友好的新闻后一直想为残疾人的社会融入与发展做出贡献，于是2018年他产生跨专业考取人权法学研究生的想法，但最终仍然因为视力障碍放弃考研。一直到毕业前HZ开始关注就业方面的信息，他想考事业编、考公务员、当老师或是当康复医生，而且身边有残障人士同学成功过，他充满了信心。但是通过了解和体验，他发现自己的就业前景并不像想象的那样乐观。2021年6月，HZ从CC大学毕业后回到上海通过网络平台找工作，但是由于疫情影响，而且自身存在视力障碍和应届毕业生身份缺少经验的原因，加上招聘单位出于自身利益的考虑，他毕业后三个月一直在找工作，但处处碰壁和受挫，没有找到工作。

> 当时毕业后将近三个月没有找到工作。毕业前和毕业后，我都尝试找过工作，但经常遇到不太顺利的事情。首先我学的针灸推拿专业，对于技能的要求会比较高。因为疫情的关系，就业市场不是很景气，那别人可能首先会质疑你残障的这个状态是否能够胜任这份工作。还有询问你一个人上下班行不行，等等。然后呢，就是对于这个职业的技术、资质和经验的要求。他们希望录用那种有好几年临床经验的医生，对于应届生可能就会不愿意接受，对于一个残障的应届生可能更不愿意接受。一天打好几个电话，一个是直接就拒绝了，另外一个是让你去面试，几天之后才拒绝的。然后也有面试了之后当场拒绝的。所以那段时间受挫比较多，情绪比较低落。（摘自 HZ 口述史记录）

不得已 HZ 改变找工作的策略，尝试与招聘单位尽力沟通自己的状况，或者借助上海对残疾人大学生就业扶持的政策来与私营的企业和机构交流找工作，这个过程让 HZ 感到自尊遭到极大挑战。

> 首先将自己的状况跟人家解释一下。然后就是从政策方面，当时会告诉他们，上海有一个对于中高等院校的残疾人大学生就业扶持的政策，可以给企业减免一些上缴的费用。说得直接一点，就是我可以帮你省点钱，你要不就收了我吧。但是说出这个话的时候，其实心里很不是滋味。就是说，因为他不认可我们的能力，只能寄希望于通过这种政策，让他能够减免一些成本，把我们招录进去。我感觉在央求别人，没什么尊严。（摘自 HZ 口述史记录）

2021 年 7 月，HZ 在 P 区公众号上看到 P 区残疾人党群服务中心招募大学生志愿者的推文，于是以尝试的心态通过电话联系 P 区残疾人党群服务中心工作人员，最后成为 P 区残疾人党群服务中心的一名志愿者。除了在中心做志愿者外，HZ 也在继续找工作，同时他还备考中职教师资格证，虽然遇到了家人的不理解，没有得到家人的支持，但是 HZ 坚信多一些准备就会多一些机会。HZ 在 P 区残疾人党群服务中心做志愿者期间的工作能力得到了领导的认可，领导给 HZ 提供了一个活动策划的岗位，加上该单位有关残障人士的设施很完善，2021年10月，HZ在该单位就职。

> 之前也在找一些相关的工作，但是没有找到。在党群中心当了一段时间的志愿者，然后领导觉得我还是有培养潜质的，就问我，这边正好有一个岗位空缺，你要不要来试一下。我觉得就是整体来说我们的氛围还是可以的，现在从事的这份工作的内容我觉得还是比较适合我的，也能胜任。（摘自HZ口述史记录）

由于中心的工作与自身所学专业不符，还考虑到薪资以及未来的稳定性和发展的问题，HZ一直在关注着事业单位定向招录残疾人的政策。2021年11月，HZ发现政策开始向视力残障人士开放，于是边工作边备考社区卫生中心的岗位。2022年3月，他面试通过去H区社区卫生中心就职做推拿治疗师。

> 我当时是3月在H区社区卫生中心这边做推拿治疗师的。社区没有三甲医院那么繁忙，但也是需要一定体力的，当然总体上还是比较能接受的。通勤的话单程一小时左右。薪资方面也还可以，目前来说已经是能找到的比较理想的工作了。（摘自HZ口述史记录）

2022年9月，HZ成功拿到了中职教师资格证，10月他还报考了初中语文的教师资格证，不断为自己更向往的特殊教师的工作做准备。

> 2021年的时候在上海报考了教资，去年考的今年9月才拿证，我考的是两门课，中职类的。然后我现在又考了个其他科目，初中语文，算是试试，然后看看有没有可能再拿一个。想着能不能往盲校那边发展一下，就是如果能有个寒暑假的话，还是挺舒服的。（摘自HZ口述史记录）

HZ通过不断寻觅更适合自己的工作来提升经济收入，这使他的生活不断向好的方向发展，人生也越来越有底气。

（三）无可奈何的放弃就业过程

精神障碍人士 XS 是本次访谈中唯一由开始的积极就业到受多种因素的干扰最终放弃就业的访谈对象，其就业历程如图 5 所示。

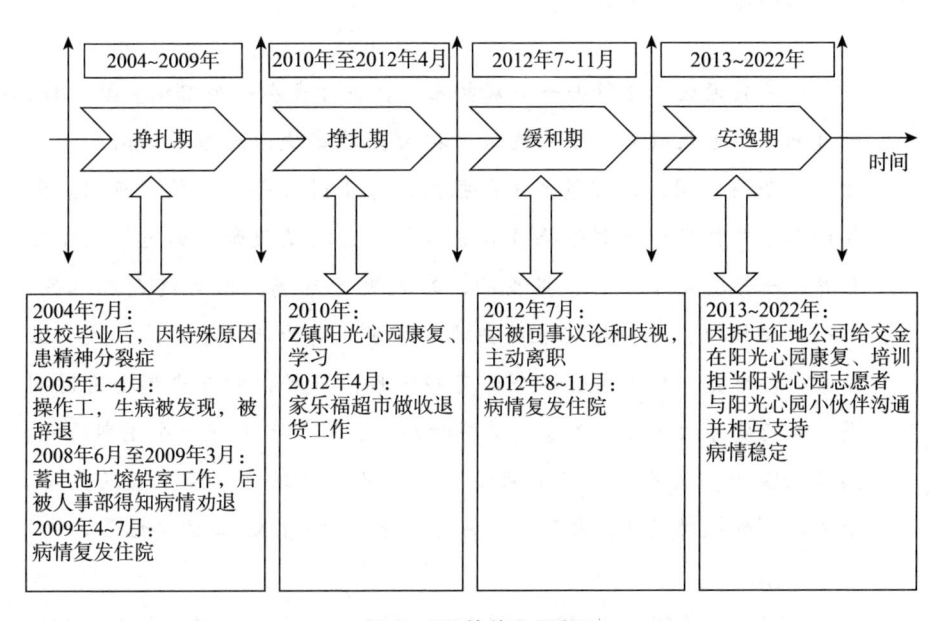

```
          2004~2009年    2010年至2012年4月   2012年7~11月    2013~2022年
            挣扎期            挣扎期            缓和期          安逸期          时间
              ↕                ↕                ↕               ↕

2004年7月：          2010年：           2012年7月：        2013~2022年：
技校毕业后，因特殊原因  Z镇阳光心园康复、   因被同事议论和歧视， 因拆迁征地公司给交金
患精神分裂症          学习               主动离职           在阳光心园康复、培训
2005年1~4月：        2012年4月：         2012年8~11月：    担当阳光心园志愿者
操作工，生病被发现，被  家乐福超市做收退    病情复发住院       与阳光心园小伙伴沟通
辞退                 货工作                                并相互支持
2008年6月至2009年3月：                                     病情稳定
蓄电池厂熔铅室工作，后
被人事部得知病情劝退
2009年4~7月：
病情复发住院
```

图 5　XS 的就业历程

2004 年 XS 从技术学校毕业后，因为一些特殊原因患上了精神分裂症，康复了一段时间后，XS 想出去工作，其间陆续找了几份工作，但是由于生病没做几个月就被辞退了，这让他很苦恼。

> 我读的是 HD 造船厂技校，专业是水电工。刚毕业后得病，然后通过技校老师介绍，去做了水电工，做了两三个月反正我自己隐约感觉带我的师傅有点冷淡吧。后来人事部建议我做其他的，说这个工作不适合我。我想我读的专业是维修，如果换个其他岗位也觉得不太合适，所以就拒绝了。我想他可能知道我的经历了，公司补助了我三个月的薪水就辞退了我。然后感觉一旦人家知道我的情况，可能就比较担心操作失误会导致一些损伤，因为像这种水、电、热熔、热接工作都需

要接触设备。后来自己知道有这个病不适合做这个,就没有再找与自己专业相关的工作。(摘自 XS 口述史记录)

2008 年 6 月,XS 又找到了一份工作,但是后来(2009 年 3 月)人事部得知了他的病情就将他劝退了。

后来我通过职介所去一个蓄电池厂。当时我在一个熔铅室里工作,一开始做得也挺顺利。熔铅室就是把大型的铅块通过履带运输到熔炉里去一个操作间,工作量也不是很大,每小时抄一下数值就可以。做了两三个月把我调配到了操作台整理铅片,就是履带上面过来用手抄铅片,一抄就是十几片,挺重的,每天大汗淋漓。因为这是流水线,你一定要抄掉,不抄掉它滚过去就不行了。因为活儿重,流水线带来很紧绷的感觉,加上我吃这个药有些嗜睡,一般性的三班倒会有时间差,就感觉体力上支撑不了,觉得特别累,我请了大概一个星期的假。后来住院了,领导打电话来问情况,家里人就跟他们说了我的病情。后来人事部就劝退我,补了几个月的工资。(摘自 XS 口述史记录)

2010 年 XS 开始到 Z 镇阳光心园康复、学习,因为康复情况较好,2012 年 4 月经残联推荐到家乐福超市做收退货工作。

在家休养一段时间后被 Z 镇残联的理事长介绍到 Z 镇阳光心园,康复了一段时间,感觉自己状况挺好的,然后残联推荐去家乐福超市上班,待遇挺好,自己也非常满意,工作也能胜任。因为是残联推荐的,所以我的基本情况主管都了解,也特别照顾,这段时间我工作还是挺开心的。(摘自 XS 口述史记录)

然而好景不长,工作了三个月后,作为一个敏感的人,XS 又不得不主动提出了辞职。

后来觉得下面的一些员工陆续知道我的一些事情,然后自己心态不是很好，感觉他们老是在背后这样指指点点的。举个例子，我们同事共用一个休息室。在休息的时候我就感觉两三个人在说，那个人有神经病什么什么的。感觉别人对自己有点歧视，心里不太舒服，后来渐渐关系比较好的也有点疏远，人家认为我有这个病，所以他们有点担心和害怕。慢慢地也有点疏远自己，我隐约也能感觉得到。我就辞职了，待在家里几天感觉心里不爽，老在想人家为什么这样说我，结果就发病住进了医院。（摘自 XS 口述史记录）

2013 年至今，因为家中拆迁有征地公司给 XS 交金①，还有 XS 自己重度精神障碍享受国家低保，所以 XS 在经济方面有所保障。现在他已经放弃了就业的想法，回到阳光心园进行康复和培训，也担当阳光心园的志愿者参与一些活动，在阳光心园大家相互支持，有利于他病情的稳定。

根据上述访谈资料及描述，大致可以概括研究对象在就业方面的几个特点：第一，研究对象都有主动就业的意愿和具体行为表现，有的即便遭遇挫折仍然坚持寻找就业机会；第二，成功就业的研究对象，在自身就业能力提升和准备方面有许多可圈可点之处，也与涉残服务机构如残联等的鼓励和支持密不可分；第三，与健康者相比，残障人士就业在外在社会环境等方面仍然有许多不完善之处，包括歧视、排斥等。

四 生命历程视角下残障人士就业主动性分析

就业对残障人士而言既利于其感受生命的价值和实现独立生活，又利于其融入社会，但是，从生命历程理论来看，有许多因素影响他们的就业主动性。

（一）时空演进中的残障人士就业

生命历程理论中的"一定时空中的生活"原则强调在时间和空间演进中，社会文化和社会结构的历史性变迁以及社会环境的发展变化共同影响

---

① 交金指缴纳养老保险、医疗保险、失业保险及住房公积金。

个体生活的不同生命阶段，从而构成个体丰富的生命历程（江立华、袁校卫，2014）。本文的访谈对象年龄不同，他们在不同的生命阶段所经历的时空特点不同，并且随着时空的转变，针对残障人士的就业扶持政策也在不断完善，这些均影响着残障人士的就业主动性。

1. 不同年龄段所处的时代特点对研究对象就业的影响

年龄概念在生命历程理论中有着重要的意义，对受访者来说，在不同生命阶段、不同历史时期以及不同社会环境中，拥有的就业机会和受到的社会限制不同甚至差异很大，其中就包括信息网络、福利企业等因素的差异与影响。

受访对象 JQ 和 SH 意外患脊柱损伤的年代中国还未引入互联网技术，那时不仅消息的获取渠道十分闭塞，就业环境也十分恶劣。互联网技术的发展促使他们加入了 P 区希望之家，在希望之家 SH 学习到了台湾的电动残疾车车头制作的技术，实现了主动就业。JQ 和 SH 还借助互联网帮助了更多的脊柱损伤人群，实现了个人价值和社会参与。HZ 一直关注官方网站发布的事业编招聘信息，发现 2022 年新出台的事业编招聘政策有定向招录视力障碍人士的名额，通过在职备考成为 H 区社区卫生中心的一名推拿治疗师。他最中意的是特殊教育学校的教师工作，仍在关注着互联网上各学校的招聘信息。由此可见，互联网技术的引入和发展增强了残障人士的就业主动性。

福利企业是残障人士就业的企业，在计划经济时代福利企业对残疾人就业具有重要作用。然而近年来激烈的市场竞争导致大多数福利企业处于亏损甚至倒闭状态。此外，福利企业的多头管理也导致持有"残疾人证"的残障人士（尤其是最需要通过就业来支付长年累月的医药费开支的精神残障人士和智力残障人士）很难进入福利企业（颜春，2007）。JQ、XS、JB 都曾试图进入福利企业，但企业只是拿了他们的"残疾人证"，在企业挂名享受优惠政策，并不给他们提供工作。SH 意外致残后也难以找到福利企业就职，只能在家做小本生意谋生。HZ 毕业后几乎找不到能接纳他的合适的福利企业。

2. 时空转变中的政策完善对研究对象就业的影响

轨迹、转变和持续强调的是个体与环境交互作用下个人发展的方向和路线，尤其是"转变"，被生命历程理论视为联结社会背景与人类主动性的节点（包蕾萍、桑标，2006）。我国针对残障人士就业的政策及实践一直在从生存保障型经由社会融合型向权利保障型过渡和完善（冯敏良、高扬，2016）。受访者 JQ 和 SH 得益于政策参与了社会组织举办的脊柱损伤群体的康复活动，较好地实现了社会参与。自 2007 年起政府实施了《残疾人就业条例》《关于促进残疾人按比例就业的意见》《残疾人职业技能提升计划（2016—2020 年）》《"十四五"残疾人保障和发展规划》等，一些企业和事业单位开始按比例招收残障人士，XY 读夜大并学习财务知识成为一名公司的会计，JB 通过残联的帮助成为一名后勤人员，HZ 通过考取医疗按摩人员的从业资格证书成为一名有编制的社区卫生中心的推拿治疗师，这都与政策完善密不可分。

（二）残障人士主动就业的个人能动性

时空的影响力只有通过个体的选择决策才能渗透到生命历程的框架中，因为个体具有能动性，只有对个体的能动性及其差异展开深入研究才能发现个体生命的积极方面（包蕾萍、桑标，2006）。

1. 人格特质对研究对象就业的影响

对于残障人士来说，这些品质集中地体现在对残障的自我接纳程度和有关就业的抗逆力等方面。自我接纳是指个体对自身及其所具备的特征持积极态度，直接影响个体应对事件的方式（盘著等，2022）。受访者 JQ、SH、XY、XS 均属意外使他们从健全人变成残障人士，都一度不能接受残障这个现实，失去活着的欲望。后来考虑到自己的父母或家人他们才慢慢进行康复，并凭借顽强的意志力走出家门谋生实现了主动就业。精神障碍人士 XS 一开始认为自己不发病时与常人无异，因而较为接纳自我并积极主动就业。但在经受了先后三份工作环境的歧视主动就业失败后产生了极度的自卑，认为自己不适合工作，失去了就业主动性。可见，自我接纳与否直接影响当事人的态度、行为，进而影响就业主动性。

人格特质还决定了残障人士在就业中的抗逆力，包括个人对环境的敏感性、自我定位等。

研究发现，个体对外在环境的敏感性高低直接影响其就业主动性。XS

在就业的环境中经常遭受同事的歧视和感受到来自环境中的偏见，而 XS 对此又极为敏感，这些歧视和偏见导致他的自尊心受到伤害，最终从寻觅工作的经历中退出回到自己封闭的圈子中。

不良的自我定位和敏感性一样，从"反向能动性"上增加当事人负面的就业促进。XS 在经历三次主动就业失败后，认为是自己工作能力不足以及患有疾病的这个缺点导致他就业失败。这种归因和定位，导致其不仅无法接纳自身疾病，产生强烈的病耻感，甚至对自身感到厌弃和否定，直接降低就业主动性，最后病情复发住院，从而放弃就业。

2. 自我增能对研究对象就业的影响

自我增能反映了个体坚忍的部分和所拥有的抗逆潜质，这些因素无疑极大地有助于当事人积极想方设法去主动就业。访谈对象 SH 面对邻居和亲戚的冷嘲热讽不放弃生活的希望，开修理店赚钱养家，后又通过研究、制作并售卖电动残疾车车头获得经济来源。XY 读夜大学习行政管理专业，学习财务知识并考取了驾照以及面包师证、口语证等多类职业资格证书，为自己能够主动就业做准备。JB 面对就业时的困难不放弃，至今能单独负责自己的工作岗位。HZ 通过自身努力考取了本科，毕业后一直在提升自身能力，最终成为一名有编制的推拿治疗师，他还考取教师资格证为将来的职业打下基础。由此可见个人能动性对研究对象的行为尤其是就业行为的正向作用。

（三）相互联系下的残障人士主动就业

相互联系的生活原理认为个体的行为嵌入具体的社会关系和特定的社会网络之中，形成个体与社会的互动机制（江立华、袁校卫，2014）。探究发现，残障人士如果拥有一定的支持网络，则可以为其提供各种社会资源，带来安全的生活环境，以及促使其增强生活的信心和主动就业。

1. 家庭支持对研究对象就业的影响

研究表明，家庭承担了残障人士的保护职能，更是促进残障人士社会融入的重要力量。六位受访者的家庭对其呈现不同的支持力，家庭支持越强，当事人的就业主动性就越强。同时，就业特征是残障人士家庭积极情感体验的重要影响因素。残障人士就业主动性越强，家庭的满意度越高，心理幸福感越强烈。

XY生活在独生子女家庭，父母对她无微不至的关心重新唤起了她生活的希望，并且在她康复期和报考大专时母亲一直陪伴她，给予足够的情感支持。此外，家庭有稳定的经济来源供XY提升学历，这是XY成功实现主动就业的前提。HZ的家庭在他小学时就关注怎样才能使HZ长大后发展得较为顺利，于是将HZ转学到特殊教育学校学习针灸按摩，并在他中专毕业后建议他考取大学提升学历。在HZ本科毕业后，其家人也会帮忙关注一些政策信息或招聘信息，助力HZ实现主动就业。受访者SH成为重度肢体残障人士后，亲戚都与他断绝了联系，甚至其妻子也被家里逼着与他离婚。但正是妻子的不离不弃，才促使SH重新鼓起生活的勇气和通过就业来承担家庭的责任。

而XS的事例则能很有力地表明家庭支持情况对残障人士就业的重要性。在XS刚患精神分裂症康复后，他的家人十分支持他就业，充分尊重他的就业主动性。但是XS几次因就业失败而病情复发住院后，其家人不再支持XS外出就业，这在一定程度上抑制了XS的就业主动性。

2. 朋辈支持对研究对象就业的影响

大部分残障人士的就业离不开"熟人介绍"，朋辈群体的支持更利于促动残障人士主动就业。受访者SH制作的微型电动车头使得很多受伤后不能走出家门的脊柱损伤群体能够顺利走出家门，融入社会。装车头时大家成为朋友，经常会出来小聚或是举办团体活动，也经常一起去旅游。同是"伤友"，能够体会对方的感受，给予相互的情感支持。JQ和XY也表示加入希望之家后，与"伤友"在一起大家互相提供支持是最快乐的。JQ是通过自己朋友的介绍找到的外资企业仓库管理员的工作，因此依靠"熟人关系"进入就业市场在一定程度上弱化了自己身体障碍的不足，用人单位因为有"人情关系"的存在，对JQ也更加"照顾"且信任度更高。

3. 残联及社会组织的支持对研究对象就业的影响

资料分析表明，六位受访者都曾接受过残联的帮助，甚至与残联及其相关组织的关系非常紧密。JQ、SH、XY加入的希望之家是由残联推动，为脊柱损伤个体建立的新型康复场所。JQ曾受当时P区残联主席的邀请成为希望之家（当时称为中途之家）的负责人，引导和帮助了很多脊柱损伤个体走出家门融入社会，SH 就是其中一个。加入希望之家后，SH 不仅得以进行康复训练，还获得了就业支持。他根据 P 区残联领导到台湾参观学习拿到的电动车头的影像资料成功研制出了他自己的微型电动车头。当时残联主席到 SH 家中进行调研，对 SH 所制作的微型电动车头给予肯定并进行推广，给予 SH 极大的鼓励，最终制作、售卖电动车头成为 SH 自主就业的路径。

（四）时间累积下的就业主动性

生命历程理论强调生命事件对个体的影响取决于该事件在其生命历程中的发生时间，发生时间的重要性甚至超越事件本身对个体的影响（江立华、袁校卫，2014）。个体的生命历程在时间的不断累积下受到社会环境事件和个体生活事件影响。累积分为初始累积和时间累积，两者共同作用于残障人士的就业主动性。

1. 初始累积因素对研究对象就业的影响

生命历程理论认为个体的生命历程是相互影响的，残障人士就业前的生活状况对其是否成功实现主动就业持续性地发挥作用。本研究从六位残障人士的生命历程中提炼出了初始累积因素，包括就业前的生理机能、就业动机及就业准备。

残障人士早年的残障及判定的残障类别或残疾程度都会影响残障人士的就业主动性。由于残障，他们受到疾病的限制，能够就业的类型也因生理机能受限而受到不同程度的制约。JQ、SH、XY 是肢体残障，只能从事长期坐着的工作；JB 是智力障碍人士，只能从事内容相对简单的工作；HZ 存在视力障碍，而目前的推拿治疗师的工作就很适合他；等等。

就业动机是实现主动就业的关键，残障后有无这些动机及是否持续地保持，始终是影响残障人士就业主动性的重要因素，它们包括摆脱贫困的强烈愿望、反哺和回报的动机、自食其力的意识以及家庭责任意识。

JQ 是作为知青自行返乡时发生意外致残，不属于工伤，治疗的花销需要自己承担，因此，急需一份正式的工作来支付巨额的医疗费用，这成为他就业的强烈驱动力。SH 意外摔伤成为重度肢体残障后家庭经济条件十分困难，曾经的亲戚朋友和邻居担心他借钱都开始远离他，摆脱贫困的强烈愿望促动 SH 主动就业。

SH 加入希望之家后不仅参与了众多利于其身体康复的训练活动，也结识了一群能够给予其情感支持的"伤友"，这使得 SH 心态越来越积极，因此他想尽其所能帮助希望之家的"伤友"，于是他开始积极研制微型电动车头，制作成功后以成本价售卖给希望之家的"伤友"，为公益事业做贡献。

而 XY 通过与之前的同学交流了解到与其年龄相仿的伙伴已经成功就业，并且也清楚地认识到父母终有一天会老去，因此她要自立自强，提升自己的就业能力从而实现主动就业。HZ 认为就业的收入既能够满足物质需求也能够带来精神层次的富足，并且消费自己的劳动所得比起单纯依靠父母更加心安理得。

婚姻关系使得残障人士的就业主动性更强，例如，SH 发生意外致残时已人至中年，他失去劳动能力后家中失去经济来源，迫使孩子初中辍学赚钱养家。这使 SH 觉得自己对妻子和孩子十分亏欠，该想办法就业来承担自己该承担的家庭责任。

受访者的就业准备也具有初始累积性，这些准备包括学历水平的提升和一技之长的获得等。我国劳动力市场历来注重学历，因此学历是影响残障人士就业主动性的重要因素。XY 初中毕业后突患脊柱损伤，在家康复近十年后报名了大专学习行政管理和财务知识，尽力降低今后就业时的受限程度。HZ 中专毕业后，认清当今社会学历的重要性，因此他参加了大学的自招，努力获取本科学历，以此来促动今后主动就业的实现。

同样，有一技之长的残障人士的就业主动性更强，SH 残障前就掌握了与五金相关的知识，因此残障后仍能通过自己的这份手艺来谋生。HZ 从中学一直到大学都在学习针灸推拿的知识，他全面掌握了针灸推拿的技能，于是在上海修改事业单位面向视力残障人士定向招录政策时，他成功通过社区卫生中心的面试。

2. 时间累积因素对研究对象就业的影响

随着残障人士生命历程的不断演进而发生的一系列生活事件是他们生活的转折点，并对他们的就业主动性产生持续性的影响，这里有个体残障的时机，也有社会关于残障人士就业政策的落实情况。就个人层面而言，如果以前具有若干成功就业的经验和正向的就业体验，则对残障人士主动就业具有较大的促动作用，受访对象XY和HZ即属此类。反之，不断遭受就业挫折及伴随而生的消极体验，则当事人的就业积极性就会被消磨殆尽，受访对象XS即属这种情况。就残障人士就业政策层面而言，如果相关政策随着时间推移不断完善且被真正实施，则对残障人士的主动就业起到推动作用，进而泛化到残障人士对自身价值的评定以及对未来生命轨迹的设计等。

五　结语

概括而言，残障人士就业自主性的形成与下列因素密切关联。

第一，有利的时空特点和完善的相关政策培育残障人士的就业自主性。

知识经济时代互联网信息技术的发展使残障人士能够平等地共享相关就业信息资源，利于其就业自主性的培育。此外，文明程度的提升带来的社会环境包容度的提高、社会排斥的减弱以及媒体舆论的正确导向均能培育残障人士的就业自主性。而残障人士就业支持方面的政策完善也与残障人士就业自主性的培育密切相关。

第二，残障人士积极的个人能动性培育其就业自主性。

个人能动性较为积极的残障人士对自身残障的接纳度较高，也拥有较强的就业抗逆力，就业过程中遇到挫折能更为主动地去学习相关知识和技能以提升自身的水平，通过自我增能促动今后有针对性地自主择业，并且具有积极能动性的残障人士更倾向于主动去建立、维护并运用自身的社会关系网络。

第三，紧密的社会关系网络培育残障人士的就业自主性。

残障人士拥有的社会关系网络越紧密，所能获取的情感支持、相关就业支持等越充足，从而利于其就业自主性的培育。其中来自家庭的情感支持、生活技能培养、物质支持，朋辈群体的情感与就业支持，"伤友"自组织互相增能及残联和社会组织提供的专业就业支持服务均为培育残障人士就业自主性的有利因素。

第四，强烈的就业动机和相关政策的落实培育残障人士的就业自主性。

时间累积效应下残障人士初始的就业动机对其自身就业自主性的培育

十分重要，不论是摆脱贫困的强烈愿望，还是自食其力的意识、家庭责任意识的树立，或是出于反哺和回报的目的，均能促使残障人士积极地进行充足的就业准备，从而培育残障人士的就业自主性。此外，政府部门及用人单位对相关就业政策的落实也利于残障人士就业自主性的培育。

根据上述分析，本文试图提出一个社会工作介入模型（见图6），希冀社会工作的专业服务能够为残障人士就业提供更好的帮助。

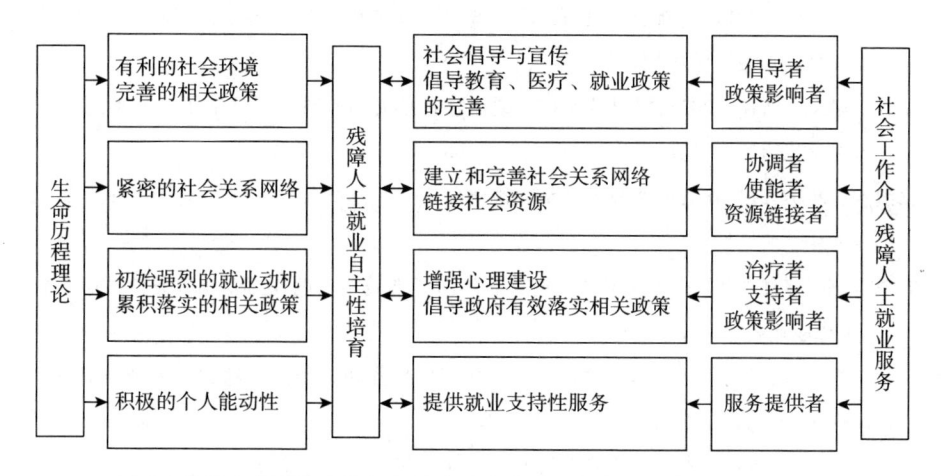

图6 基于生命历程理论视角的残障人士就业服务的社会工作介入模型

图6表明，社会工作在提供服务时需要树立接纳意识、人本意识、正常化意识、特殊需要意识；需要在服务对象不同的生命历程中确立不同的服务内容；需要基于残障人士的需求清晰定位社会工作者自身角色，发挥好倡导者、政策影响者、协调者、使能者、资源链接者、治疗者、支持者、服务提供者的角色功能，从而真正促进残障人士通过就业获得各项满足与成长发展。

参考文献

包蕾萍、桑标，2006，《习俗还是发生？——生命历程理论视角下的毕生发展》，《华东师范大学学报》（教育科学版）第1期。

冯敏良、高扬，2016，《残疾人就业能力理论及其政策演进》，《残疾人研究》第4期。

江立华、袁校卫, 2014,《生命历程理论的知识传统与话语体系》,《科学社会主义》第 3 期。

柯蒙, 2019,《社会化理论视角下残疾人就业障碍研究——基于上海市"阳光基地"的实证调查》, 硕士学位论文, 华东理工大学。

刘晶, 2021,《当前我国聋哑残疾人就业问题研究》, 硕士学位论文, 天津财经大学。

刘舒、袁婷婷、张銎湜, 2021,《残疾人就业现状分析及辅助就业建议》,《现代商贸工业》第 34 期。

卢时秀、张微, 2014,《断裂与建构: 武汉城市圈农村残疾人就业的社会支持》,《湖北工程学院学报》第 1 期。

盘著、梁冯、潘莲, 2022,《男性精神分裂症患者社交回避与自我接纳水平分析》,《临床医学工程》第 7 期。

邱淑女, 2014,《残疾人就业服务体系的构建研究——以浙江省为例》,《管理观察》第 12 期。

邱淑女、王葆红, 2017,《基于高质量就业的浙江省残疾人就业与创业服务体系研究》,《现代职业教育》第 34 期。

解韬、李昀东、张晶、袁湘鹤, 2021,《公共部门率先招录残疾人按比例就业研究——以广东省为例》,《残疾人研究》第 3 期。

颜春, 2007,《残疾人平等就业路在何方》,《中国残疾人》第 2 期。

Barnes, C. & Mercer, G. 2005. "Disability, Work, and Welfare: Challenging the Social Exclusion of Disabled People." *Work Employment and Society* 19 (3): 527 – 545.

Hall, E. & Wilton, R. 2011. "Alternative Spaces of 'Work' and Inclusion for Disabled People." *Disability & Society* 26 (7): 867 – 880.

【社区工作研究】

行政化吸纳与专业化嵌入：民族地区街镇社工站在地化行为研究

——以广西 S 镇社工站为例

崔 娟 李柏江[*]

摘 要 民族地区因其独特的民族性、地方性和区域性等特征，社会工作发展相对缓慢，这给民族地区街镇社工站在地化发展带来了严峻挑战。基于此，本文运用吸纳与嵌入的理论分析框架，以广西 S 镇社工站为例，深入研究民族地区街镇社工站的在地化行为。研究发现，民族地区街镇社工站面临基层政府的行政化吸纳与社工机构的专业化嵌入的双重互动压力，其在地化行为遭遇三重困境：一是合法性困境；二是服务专业性困境；三是资源内生性困境。究其背后根源主要在于政策和制度、文化情境以及人才队伍等因素的制约和限制。由此，本文由宏观至微观提出三条可行策略：一是政策和制度的在地化，提高合法性；二是社工机构的在地化，实现服务社会性；三是社工人才的在地化，提升人才专业性。通过以上研究策略，促进民族地区街镇社工站在行

---

[*] 崔娟，广西科技大学人文艺术与设计学院副研究员，博士，硕士生导师，主要研究方向为基层社会治理等；李柏江，广西科技大学计算机科学与技术学院辅导员，硕士，主要研究方向为民族社会工作等。

政化吸纳与专业化嵌入过程中兼具行政化、专业化和社会化，推动民族地区街镇社工站在地化发展。

关键词 行政化吸纳 专业化嵌入 民族地区 街镇社工站 在地化行为

一 问题缘起

国家"十四五"规划将社会工作纳入"加强和创新社会治理"的重要环节，提出要"畅通和规范市场主体、新社会阶层、社会工作者和志愿者等参与社会治理的途径"。以实务为导向的社会工作，对提升社会治理效能进而推进共建共治共享的社会治理格局形成具有重要意义。因此，需要充分发挥专业社会工作在保障和改善民生、加强和创新社会治理、推进乡村振兴中的积极作用。为此，2020年10月，民政部在湖南长沙召开加强乡镇（街道）社会工作人才队伍建设推进会，通过建立乡镇（街道）社工站，打通为民服务"最后一米"，探索解决基层民政服务能力不足问题的可行路径。当前全国主要有三种社工站建设模式：直聘模式、外包模式和混合模式（徐道稳，2021；任文启、吴岳，2022）。三种社工站建设模式为全国其他地区乡镇（街道）社工站建设提供了基本经验和"建设模板"。但在推行先进地区社工站建设模式过程中，因民族地区政治、经济、文化等因素，其街镇社工站建设面临文化敏感性、文化整合力问题（刘红旭，2021），人才缺失、资源匮乏、制度缺失、志愿失灵问题（李鸿、张鹏飞，2022），以及行政化过高、专业化偏低等困境。如何因地制宜推动民族地区街镇社工站在地化发展，提升社工站基层治理效能，成为推动民族地区街镇社工站在地化发展面临的重要议题。本文以民族地区街镇社工站与基层政府、社工机构之间的双重互动关系及其行为逻辑为研究问题，围绕民族地区街镇社工站建设与基层治理实践展开研究，探索民族地区街镇社工站在地化行为逻辑和策略。

二 理论基础与分析框架

本文试图通过对行政吸纳理论与嵌入性理论的理论内涵、核心观点、分析框架等内容进行阐释和梳理,分析民族地区街镇社工站与基层政府以及社工机构的双重互动关系,为民族地区街镇社工站在地化发展提供理论解释框架。

(一) 理论基础

1. 行政吸纳理论

"吸纳"是当异己的机制或要素嵌入某种结构体系时,有可能被这种结构体系吸纳,意味着特定系统对外在力量的吸收与整合(王为、吴理财,2022)。"政治吸纳"通常指的是政治体系对社会变迁过程中新兴利益群体的权利诉求和参与行动的纳入与整合过程。但学术界更多使用的是"行政吸纳"。康晓光、韩恒(2007)以此概念解释20世纪90年代国家与社会关系的结构特征。国家为了实现对基层社会的有效治理,通常采取理念渗透、组织渗透等途径将触角向基层延伸、将影响下移,整体呈现为"行政吸纳社会"的逻辑(侯利文,2019)。刘锐(2020)通过对H市D镇的田野调查发现,行政吸纳社会包括政策吸纳、组织吸纳、体制吸纳和利益吸纳,吸纳模式转向吸纳精英和民众参与的三元结构。唐文玉(2010)提出了"行政吸纳服务"的新解释模式,该模式强调国家与社会的融合,其核心机制是"支持"与"配合"。在国家与社会的关系格局中,国家占据主导性地位,社会依附于国家。杨琳琳(2021)指出行政吸纳服务包括资源吸纳、服务吸纳、成果吸纳和利益吸纳。而顾永红、刘宇(2022)基于武汉市"五社联动"的经验,指出行政吸纳服务包括主体吸纳、行为吸纳与价值吸纳。蔡长昆、沈琪瑶(2020)聚焦于地方政府与社会组织关系的研究发现,国家与社会组织的关系经历了从"行政吸纳社会"到"行政吸纳服务"的变迁。王华华(2018)认为政治吸纳是社会政治精英为维护和延续政权的合法性,采取的一系列政治决策和政治措施。

2. 嵌入性理论

"嵌入性"（embeddedness）概念由卡尔·波兰尼（Polanyi, 2001）于1944年在《大转型：我们时代的政治与经济起源》一书中首次提出，用以分析经济与社会之间的互动关系，其认为经济行为嵌入经济与非经济的制度、文化结构之中，将经济活动视为一个制度结构化的过程。美国社会学家马克·格兰诺维特（Granovetter, 1985）在《经济行动与社会结构：嵌入性问题》一文中创造性地发展了嵌入性理论，将嵌入分为关系嵌入与结构嵌入，关系嵌入侧重强调网络的关系特征，结构嵌入侧重强调网络内主体的结构特征。根据新制度嵌入既有系统或原有制度的环境和方式等方面的不同，Sharon Zukin 和 Paul DiMaggio（1990）对嵌入的类型进行了系统分类，包括认知嵌入性、文化嵌入性、政治嵌入性和结构嵌入性，这为嵌入分析提供了一个基础理论框架。结构洞理论认为，认知嵌入性是指关注活动主体的周边环境和思维意识对主体的引导或者限制；文化嵌入性是指关注活动主体受文化影响的情况；政治嵌入性是指关注活动主体受所在的政治环境、体制、权力结构影响的情况；结构嵌入性是指关注组织嵌入的网络类型与主体在网络中的位置，用以分析主体在网络中的位置与绩效之间的关系（伯特，2017）。Andersson 等（2002）提出业务嵌入与技术嵌入。

（二）分析框架

吸纳与嵌入理论框架为本文提供了一种新视角，为此，本文尝试运用该理论视角构建民族地区街镇社工站在地化行为的分析框架。

1. 行政化吸纳：行政吸纳、资源吸纳、主体吸纳

综合众多学者对行政吸纳理论的研究，发现有多种吸纳类型，包括宏观层面的行政吸纳、组织吸纳和体制吸纳，中观层面的资源吸纳、服务吸纳和利益吸纳，以及微观层面的主体吸纳、行为吸纳和价值吸纳。本文尝试从中进行继承和发展，汲取其中的行政吸纳、资源吸纳和主体吸纳的概念来分析基层政府对街镇社工站的行政化吸纳现象（见表1）。

表 1 行政吸纳视角下的吸纳类型与行政化吸纳框架

层次		宏观			中观			微观		
吸纳类型		行政吸纳	组织吸纳	体制吸纳	资源吸纳	服务吸纳	利益吸纳	主体吸纳	行为吸纳	价值吸纳
研究者	刘锐（2020）	√	√	√			√			
	杨琳琳（2021）				√	√	√			
	顾永红、刘宇（2022）							√	√	√
本文分析框架		行政吸纳			资源吸纳			主体吸纳		
		行政化吸纳								

2. 专业化嵌入：文化嵌入、关系嵌入、认知嵌入

综合众多学者对嵌入性理论的论述，发现有多种嵌入类型，包括宏观层面的政治嵌入、文化嵌入，中观层面的关系嵌入、结构嵌入，以及微观层面的业务嵌入、技术嵌入和认知嵌入。本文尝试从中汲取和运用文化嵌入、关系嵌入和认知嵌入概念来分析社工机构对街镇社工站的专业化嵌入现象（见表2）。

表 2 嵌入视角下的嵌入类型与专业化嵌入框架

层次		宏观		中观		微观		
嵌入类型		政治嵌入	文化嵌入	关系嵌入	结构嵌入	业务嵌入	技术嵌入	认知嵌入
研究者	Granovetter（1985）			√	√			
	Zukin & DiMaggio（1990）	√	√	√	√			√
	Andersson 等（2002）					√	√	
本文分析框架			文化嵌入	关系嵌入				认知嵌入
				专业化嵌入				

依据吸纳与嵌入的理论内涵，本文对街镇社工站与基层政府、社工机构等主体间的互动关系进行分析，并构筑如下分析框架（见图1）。

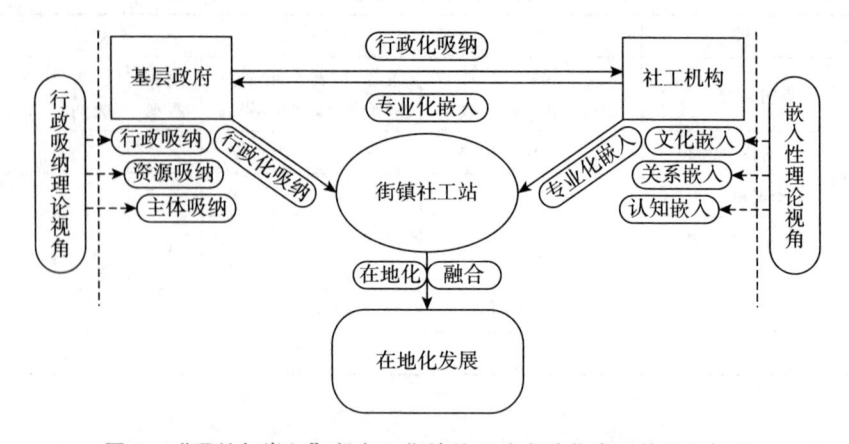

图 1　"吸纳与嵌入"视角下街镇社工站在地化发展的分析框架

三　研究方法与案例概况

S镇社工站作为民族地区的街镇社工站，位于L市N区最北部，距离市中心约28公里。截至2021年10月，S镇下辖10个行政村和2个社区，其常住人口为21494人，户籍人口为24611人。[①] 该镇居民大部分为汉族、壮族，此外还有苗族、侗族、瑶族、布依族、仫佬族等，文化多元。S镇目前共有各类民政服务对象987人，这些民政服务对象主要包括老年人、困境儿童和残疾人等。2022年初，S镇成立了S镇社工站，在协助民政部门开展民政工作的基础上，开展专业社会工作服务。

研究者以城区级社工站督导的身份于2022年4月初开始对广西L市N区12个乡镇（街道）社工站开展了为期15个月的社工站督导服务。其中，S镇社工站作为民族地区的街镇社工站，成为L市重点打造的市级街镇社工站建设示范点。本次调研即以S镇社工站作为研究对象，分析S镇社工站与基层政府和社工机构的双重互动关系，分析其面临的困境和背后的根源，进而探索推动其在地化发展的可行路径和策略。具体的访谈对象概况如表3所示。

---

① 资料来源于L市N区S镇人民政府。

表 3　访谈对象概况

编号	性别	年龄（岁）	人员类别	备注	地缘归属
LML	女	27	S镇社工站（A社工机构）驻站社工	本科，持初级社工证	S镇
LXC	男	36	X社工机构负责人	专科，未持社工证	L市
LSY	女	48	Z社工机构负责人	专科，未持社工证	L市
LJ	女	34	S镇社工站（A社工机构）驻站社工	专科，未持社工证	S镇
ZLF	女	25	S镇社工站（A社工机构）驻站社工	本科，未持社工证	S镇
ZJW	男	35	S镇社工站（A社工机构）项目主任	本科，持初级社工证	N区

四　行政化吸纳与专业化嵌入：S镇社工站的双重互动关系演绎

探究民族地区街镇社工站如何与基层政府、社工机构、社会公众等主体进行有效互动，在复杂多元的民族地区环境中采取怎样的行为逻辑和策略，对于推动民族地区街镇社工站的在地化发展具有重要意义。

（一）行政化吸纳：基层政府面向街镇社工站的行为逻辑

政府通过行政化吸纳策略，以行政吸纳、资源吸纳和主体吸纳的方式在街镇社工站建设与运营过程中吸纳社会工作专业治理技术，用于提升行政效率和治理效能。

1. 行政吸纳，提升社会治理效能

行政吸纳是地方政府推进基层社会治理的有效手段，是一种治权改革（王清，2015）。在S镇社工站建设与运营项目中，基层政府的行政吸纳主要表现在两个方面。

一是对社工机构的行政吸纳。行政吸纳被认为是当前培育、再造以及整合社会治理资源的重要机制（钟杨、韩舒立，2020）。N区政府将A社工机构等社会组织吸纳到政府科层化的社会治理体系中，体现了政府为了实现对基层社会的有效治理而采取"组织渗透"等方式，使政府的行政化服务兼具专业化，从而提升其社会服务能力。由此，具有专业性的社工机构便获得合法性，这也是A社工机构主动迎合N区政府行政意志与目标的结果。

> 我们基本每年都响应政府的号召到民族地区开展慈善助学等帮扶活动，认识了很多政府的工作人员。在此之前，我们入户很困难，居民不相信我们。但现在我们在街道办和民政部门的支持下开展社工专业服务，比以前顺利多了。（Z社工机构负责人LSY，2022年9月21日）

二是对社工站的行政吸纳。基层政府通过对S镇社工站进行行政吸纳，使其成为政府在社会治理中开展服务的重要抓手和平台。具体举措是通过吸纳S镇社工站，使其在开展服务过程中协助政府处理行政事务。作为社会治理的新兴主体，S镇社工站借用政府权威成为驻站社工参与社会治理的有效途径，使社工获得合法性。通过行政吸纳，A社工机构等社会组织与基层政府建立了良好的政社关系，由社工机构运营的S镇社工站也因此获得合法性，这有助于服务的有效开展。

> 我们社工站有2名社工，之前都在民政办协助做事，连续做了2个月。去社区开展社工服务，我们都说自己是某某民政办的人来开展活动的，居民以为是政府的工作人员，所以都很支持。（S镇社工站驻站社工LML，2022年9月23日）

2. 资源吸纳，促进治理资源整合

治理资源是指一切可以用来实现社会治理的资源，从广义上看，主要包括慈善资源、技术资源和组织资源等诸多方面。

一是慈善资源吸纳。N区民政局以广西推动"五社三站"融合发展为契机，指导S镇社工站建立慈善资源站，接收来自社会的捐赠。在此期间，S镇社工站在基层政府的支持下建立了慈善资源站，并在当地组织慈善资源捐赠活动。在活动现场，S镇社工站接收了来自当地银行、社会企业、社会组织和爱心个人等捐赠的物资。各类慈善资源得到了有效整合，有利于S镇社工站开展慈善救助活动。

二是技术资源吸纳。N区基层政府通过吸纳社工机构或社工站的专业治理技术，提高其在基层社会治理中的专业化水平。因此，基层政府以社工站为契机，抽调S镇社工站驻站社工到政府大厅协助处理行政化事务以解决政府人手不足等问题。但事实上，由于诸多原因，S镇社工站的驻站社工专业化程度不高，更多时候只能协助基层政府处理相关行政工作。

三是组织资源吸纳。基层政府在社工站的日常走访、督促检查等工作中，对社工站的组织资源提出了要求。一方面，N区民政局要求S镇社工站的日常运营贯彻党建引领，以党组织引领推动街镇社工站的在地化发展；另一方面，在其项目合同中，S镇社工站还被要求孵化社区社会组织等组织资源。基层政府通过共同体的组织资源的借力，实现对社会的有效治理（周明、许珂，2022）。

> 机构要求社工站以党建为引领开展活动，我们在7月1日前后会开展党建文化活动。在项目合同中有规定，社工站要孵化一些备案社区社会组织，但是我们对孵化社区社会组织感觉一头雾水，无从下手。（S镇社工站驻站社工ZLF，2022年9月23日）

3. 主体吸纳，整合多元主体力量

政府通过推动"五社三站"建设实现主体吸纳，将社会多元主体吸纳到政府社会治理体系和公共服务供给框架中。

一是吸纳社会组织。在上级政府指导下，基层政府通过吸纳A社工机构等社会组织参与S镇社工站建设与运营项目，为S镇社工站提供专业化运营主体。为进一步加强社会多元主体参与街镇社工站建设，N区民政局吸纳了当地高校社会工作专业背景的专家学者参与街镇社工站建设项目的督导、评估等工作，提高街镇社工站建设的专业化水平。

二是吸纳社工人才。在S镇社工站建设初期，基层政府在招聘公告中要求驻站社工为本地人且为社会工作专业或持证社工。但事实上，S镇社工站的2名驻站社工皆为非社会工作专业且未持社工证。按照上级有关社工站建设要求，为推进社会工作人才队伍的职业化和专业化，N区民政局在L市民政局的考社工证补贴的基础上，决定再进行一定的资金配套。

三是吸纳社区精英。基层政府在民族地区乡镇不易吸纳到社工人才，

因而转为吸纳社区精英参与街镇社工站建设。基层政府为 S 镇社工站吸纳了 1 名社区精英，该社区精英为社区退休人员，具有丰富的社区工作经验，有一定的社会影响力。S 镇社工站的驻站社工在该社区精英的推荐下，很容易获取服务对象的信任（杨宝等，2018），这有利于服务的顺利开展。

（二）专业化嵌入：社工机构面向街镇社工站的行动诉求

为提升乡村基层社会治理效能，凸显社会工作专业性，社工机构在 S 镇社工站的建设与运营过程中，通过专业化嵌入，将社会工作专业的文化、关系和认知嵌入基层政府和社工站中。

1. 文化嵌入，获取社会化认可

社会工作需要与政党、政府和公众等本国政治文化情境相契合才能真正实现本土化（何雪松、杨超，2019）。在 S 镇社工站的建设过程中，社工机构考虑到当地民族风情与民俗文化的需求，通过文化嵌入，促进社工站在当地的在地化发展。

一是嵌入机构文化。为提升 S 镇社工站驻站社工的专业认同感、机构归属感，A 社工机构通过日常工作督导和工作例会等时机嵌入机构文化，进一步激发驻站社工对社工专业的认可。对此，A 社工机构在外部督导的推动下，在站点开展机构文化宣传活动，进一步宣传社工知识与文化，提高驻站社工的机构归属感和专业认同感。

二是嵌入地方文化。结合当地盛产莲花的情况，A 社工机构指导 S 镇社工站建立"莲动石碑，乡村振兴"的站点品牌，并通过联动多方资源，形成了"一朵致富花"的品牌效应。随着 S 镇社工站的运营，当地群众对 S 镇社工站的服务内容和服务目标有了一定的了解。部分村民甚至会主动到 S 镇社工站寻求社工的帮助。

三是嵌入少数民族文化。S 镇社工站指导当地村民，以当地民俗歌曲翻唱的形式，将社工站宣传内容编成民俗歌曲进行翻唱，提高村民对社工站的认同感。此外，S 镇社工站积极开展相关的少数民族文化活动，如组织当地歌手开展民俗歌曲演唱活动。

2. 关系嵌入，建立专业化关系

在社工站建设过程中，社工机构等社会组织为了满足自身生存与发展的需要，仍需部分嵌入政府治理体系中以获取资源，从而与政府形成半嵌入性的合作模式（冷向明、张津，2019）。

一是合作化关系嵌入。在社工机构嵌入政府治理体系过程中，政府也通过购买服务等手段实现关系嵌入（王名、张雪，2019）。A 社工机构在良好的合作化关系下获得了 S 镇基层政府的支持，为其开展基层社会治理提供了相应治理资源。相反，合作化关系嵌入较弱的，较易与各基层部门发生分歧。如 D 社工机构在承接社工站项目运营过程中，被社区等主体认为是"抢饭碗"的外来者。

二是专业化关系嵌入。A 社工机构通过专业化关系嵌入，将 S 镇推荐的本地社工选派到社工站，既促进其对社工站的指导关系建立，又实现对社工站的内部督导关系的形成，从而为街镇社工站嵌入专业性奠定基础。同时，此举还有利于驻站社工与服务对象间建立起专业化关系，为街镇社工站开展社工服务奠定基础。

3. 认知嵌入，提升专业知晓度

社工机构通过认知嵌入，将社会工作专业知识、工作方法、专业理念等嵌入基层政府和社工站等主体的服务开展过程中，提升社会工作专业知晓度、认同度。

一是专业理念嵌入。随着 S 镇社工站的成立，A 社工机构通过认知嵌入，将社会工作的专业知识、工作方法和专业理念等嵌入基层政府和社工站所开展的服务中。S 镇社工站推进"莲动石碑，乡村振兴"站点建设品牌后，当地群众着力以莲花茶产业助力乡村振兴。S 镇社工站的专业知晓度和认同度得到提升，越来越多的群众开始认识到社工站的积极作用。

二是专业方法嵌入。在 S 镇社工站的建设与运营中，人们开始对社工站有了一定的认知，但对于社工站如何开展服务，不仅当地群众不知道，而且驻站社工也因专业化欠缺而缺乏了解。因此，作为 S 镇社工站的运营机构，A 社工机构通过认知嵌入行为，将社会工作的专业方法通过日常督导、指导等工作嵌入社工站中，以提升驻站社工以及当地群众对社工专业方法的认知水平。

（三）在地化融合：街镇社工站谋求在地化发展的实践策略

面对基层政府的行政化吸纳与社工机构的专业化嵌入的双重互动压力，街镇社工站如何在这双重压力的挤压下推动自身的在地化发展？为此，街镇社工站将基层政府的行政化吸纳与社工机构的专业化嵌入进行在地化融合。

1. 方法融合，提高社工专业技能

民族地区街镇社工站采取方法融合策略，将基层政府的行政化工作方法与社工机构的专业化工作方法同在地化工作方法进行融合，进而推动街镇社工站在地化发展。

一是在地化工作方法与行政化工作方法融合。N 区基层政府通过行政化吸纳，将 A 社工机构和 S 镇社工站吸纳到基层治理体系中，在乡村振兴等工作中试图将其社会工作的三大方法吸纳到自己的行政化工作方法中化为己用，从而实现方式方法的有效提升，进而为其深入群众开展群众工作提供助力。

二是在地化工作方法与专业化工作方法融合。基于 N 区基层治理特点，S 镇社工站通过接受内外部督导和参加业务培训等方式不断提升驻站社工专业技能和改进工作方法，促进其在地化工作方法与专业化工作方法的融合，使其原本仅依靠个人经验开展服务的工作方法进一步融合了专业性，使其在地化工作方法兼具了专业化工作方法，实现了方法的创新。

2. 实践融合，提升实践服务效能

面对基层政府的行政化社会工作实践与社工机构的专业化社会工作实践，街镇社工站在政府主体、社工机构及社区居民多元协同作用下，通过实践融合策略，促进二者的实践融合。

一是行政化实践与专业化实践融合。S 镇社工站发挥"五社联动"机制的作用，积极推动社工站、志愿服务站和慈善资源站的"三站"建设，将基层政府要求开展的新时代文明实践、志愿服务实践、社会救助实践以及社区工作实践等实践活动进行融合，不断推动"五社三站"融合发展，从而实现实践服务的整合。

社工站在督导建议下，与有关部门沟通后，计划以协办单位为由，将新时代文明实践活动与志愿服务活动融合到社区工作中，这既有利于借政府由头开展社区工作，又有利于实现多种实践整合。（S镇社工站项目主任ZJW，2022年9月26日）

二是行政化服务与专业化服务融合。S镇社工站通过基层政府行政化服务与社工机构专业化服务的融合，促进其在地化发展。S镇社工站将专业思维方式、工作方法和专业理念融入日常工作中，在行政化服务中融入专业化，在专业化服务中融入行政化，不断促进行政化服务与专业化服务的融合发展，进一步提升实践服务效能。

五 发展困境：街镇社工站在地化困境以及影响因素

民族地区街镇社工站通过在地化融合发展策略，使自身兼具行政化、专业化和社会化，在一定程度上有利于自身的在地化发展。但街镇社工站在推进在地化发展过程中仍存在一些基层治理困境。

（一）在地化发展困境表现

民族地区街镇社工站目前面临一些在地化发展困境，主要包括合法性困境、服务专业性困境和资源内生性困境等，从而导致一系列问题的滋生，严重影响到基层社会治理效能。

1. 合法性困境：社工站身份的尴尬处境

街镇社工站作为传统民政部门通过行政吸纳社会工作治理新技术的载体和平台，存在合法性困境，导致社工站身份处境尴尬。

一是身份处境尴尬导致社工身份焦虑。S镇社工站既要协助民政部门开展行政化社会事务工作，又要在社工机构督导下开展专业化社会工作服务。那么街镇社工站是归属于民政部门管理，还是归为社工机构管理？此外，驻站社工入职后或是在基层政府工作或是在社工机构工作，这使驻站社工难免产生这样的疑问：究竟自己是政府基层工作人员，还是社工机构的工作人员呢？在开展社会服务过程中，如何介绍自己？工作身份的不确定性使驻站社工往往面临身份焦虑。

二是职能定位模糊导致社工无所适从。政府、社会公众以及驻站社工对于社工站的具体职责缺乏足够认识，对社工站"是什么"、"能做什么"以及"应该做什么"等问题心存疑惑。社工站对具体该干什么不明确，对具体的职责目标和实现方式不知所以。如驻站社工认为自己是专业服务的主要实施者，基层政府认为社工是行政外包合同工，而村民则认为社工是志愿者。这种身份争议导致社工很难走进服务对象的家门，更别提开展专业服务了。

2. 服务专业性困境：驻站社工专业能力限制

在街镇社工站建设与运营过程中，驻站社工存在专业化有限以及行政性依赖，导致在社工站运营初期出现服务专业性困境。

一是专业化欠缺导致服务专业性不足。S镇社工站通过基层政府推荐，吸纳了一名社区精英，即社区退休人员；另一名驻站社工为社工机构招聘到的人员。2名驻站社工虽为当地社工并在当地工作生活多年，能够熟练运用本地语言与当地村民交流沟通，做到了社工的本地化，但他们均为非社会工作专业的专科人员，未持有社工证，专业化能力有限，导致其开展服务的专业化水平不足。

二是行政性依赖导致专业自主性弱化。S镇社工站的运行、生存和发展不可避免地依赖于政府组织以及依附于行政组织之上的权力与资源，导致社工站专业化服务能力在一定程度上被削弱。如社工在服务过程中常以民政局工作人员或社区工作人员自居，而不言明其社工身份，但过度依赖于政府权威易产生行政性依赖而导致专业自主性弱化。

3. 资源内生性困境：社工站内生性动能不足

由于多元主体的服务资源传递不精准，社工站内生性动能不足，这不利于推动街镇社工站的在地化和可持续发展。

一是能力欠缺导致社工站面临内生性资源整合困境。在参与基层社会治理过程中，社工站驻站社工专业能力欠缺，无法有效整合志愿服务资源、人才和文化资源等内生性资源，而整合农村志愿服务资源，可为乡村夯实内生性资源基础（裴斌，2021），因而社工站面临内生性资源整合困境。尽管驻站社工积极推动"五社三站"融合发展，但仍收效甚微。

二是资源依赖导致内生发展动能不足。N区S镇社工站项目资金来源渠道单一，主要依靠政府购买服务。在社工站运行阶段，短时间内出现了政府购买服务资金未到位的情况，导致社工站发不出驻站社工工资，社工工作懈怠，站点面临社工流失问题，日常运作出现困难，这在一定程度上影响了街镇社工站的内生发展动能，不利于其可持续发展。

（二）在地化影响因素分析

研究发现，民族地区街镇社工站出现如上所述的多重治理困境，究其原因，导致街镇社工站产生在地化发展困境的有宏观、中观和微观三个层面的因素。

1. 宏观层面：政策和制度因素是街镇社工站在地化发展的基础

政策和制度是指围绕街镇社工站建设与发展所出台的各项政策、制度和规范，对街镇社工站建设与发展具有重要影响。

一是政策和制度影响街镇社工站的生存环境。街镇社工站是在国家政策和制度下产生的，是自上而下在政府的推动下建立的。在各项政策和制度的影响下，S镇社工站得以嵌入基层社会治理体系中，成为推动基层社会治理的综合性平台。但在S镇社工站运行过程中，面临合法性困境，导致社工站身份处境尴尬。如何获取合法性以发挥街镇社工站的积极作用，需要政策和制度为其保驾护航。

二是科层制度影响街镇社工站的发展环境。S镇社工站的运行管理和服务开展呈现行政化特征。一方面，S镇社工站建设与运营参考行政管理体系，建立起站长、副站长、督导、社工的组织架构管理体系，具有明显的科层化倾向；另一方面，街镇社工站工作考核指标中较大比例的工作是协助政府开展行政化社会服务，如协助政府开展社会救助、低保核查、入户登记等行政化社会服务。

2. 中观层面：文化情境因素是街镇社工站在地化发展的灵魂

文化情境是街镇社工站在地化发展的氛围，对街镇社工站的在地化建设与发展有着深刻影响。

一是组织文化影响社工站的运行管理。基层政府通过行政化吸纳，使S镇社工站在运行管理中将行政思维、考核机制和绩效指标等要素应用于日常管理和服务开展过程中。而作为社工机构运营下的社工站，为提高专业性，凸显专业价值，不断将专业思维、专业方法和服务理念等要素通过专业培训、内外督导等方式化为己用，提升驻站社工的专业化水平。

二是少数民族文化影响社工站的社会认同。S镇社工站在苗族曲艺文化影响下，融合曲艺文化，以曲艺翻唱促进社工站宣传，打响社工站品牌；同时，在非遗项目影响下，鼓励群众利用自身编织技艺编织工艺品，促进当地妇女增收，其社会认可度进一步提升，为街镇社工站在地化发展注入了灵魂，影响其在地化发展的社会认同。

3. 微观层面：人才队伍因素是街镇社工站在地化发展的动能

对于民族地区来说，乡镇社工人才队伍在地化培养是其必然选择。

一是社工专业能力影响服务专业化。社工人才数量的多寡、专业能力的强弱等要素皆会影响街镇社工站的专业化水平。S镇社工站缺乏专业的社工人才队伍，导致对驻站社工的专业化水平要求较低，主要关注其是不是本地人。大多数驻站社工为非社工专业背景，且未持有社工职业资格证，导致社工专业化服务迟迟未得以开展，从而影响街镇社工站的建设进度。

二是社工认知能力影响在地化发展。专业性是社会工作发展的生命线，而社工是推动社会工作发展的内在力量。在街镇社工站运行初期，由于驻站社工缺乏专业性，在开展专业社会工作服务时，常常遇到服务对象不认同的情况。随着街镇社工站的持续运行，部分驻站社工选择行政性依赖，从而导致其专业自主性进一步弱化，不利于专业社会工作服务的开展。

六 实现路径：民族地区街镇社工站在地化发展策略

面对民族地区街镇社工站在地化发展所面临的合法性、服务专业性和资源内生性等困境，如何实现民族地区街镇社工站的在地化发展？基于其影响因素，本文从宏观-中观-微观视角提出其在地化发展策略。

（一）政策和制度的在地化，提高合法性

1. 加强社工站发展制度的顶层设计

政策和制度对民族地区街镇社工站建设与发展具有重要影响，是其在

地化发展的重要制度保障。

一是加强制度顶层设计，保障良好的政策和制度环境。通过出台政策和制度，建立健全机制保障。在宏观层面上，加强制度顶层设计，推动有利于民族地区街镇社工站可持续发展的相关政策和制度的建立。同时，完善现有制度法规，在制度规范上明确街镇社工站的合法性身份，以使其摆脱合法性困境。

二是出台配套支持政策，建立完善的长效发展机制。（1）建立健全完善的政府购买服务机制。设立街镇社工站建设与运营的专项资金。（2）拓宽社会资源筹措渠道。通过整合社会组织、经济组织等的资金和服务，形成多渠道经费支持的格局。（3）建立健全长效监督机制。鼓励社会力量参与街镇社工站建设的监督，保证街镇社工站的规范运作。

2. 建立健全制度规范

建立健全地方制度规范，对于推动民族地区街镇社工站可持续、在地化发展等具有重要意义。

一是建立地方性制度法规，促进运行管理规范。通过建立健全地方性制度法规，构建相互衔接的街镇社工站发展制度体系。基层政府通过出台街镇社工站建设标准化、规范化指导手册，指导街镇社工站的标准化建设。同时，用地方性制度法规明确街镇社工站建设目标、职能定位、服务流程等，实现街镇社工站的规范化和长效化运营。

二是建立社会准入机制，激发社会主体活力。推动社会多元主体参与街镇社工站建设，形成多元主体共建共治共享的基层社会治理格局。充分激发民族地区社会多元主体活力，多方联动推进街镇社工站建设。同时，广泛实现社会组织、高校组织等多元主体参与共商共建，推动建立良性的社会力量准入准出机制。

（二）社工机构的在地化，实现服务社会性

从本土情境中选择街镇社工站的运营机构，这是实现社工机构在地化的重要路径之一。

1. 促进行政化与专业化融合

一是把行政化工作转化为推进政社关系的纽带。社工机构应通过加强对街镇社工站驻站社工的培训和督导，使其了解驻站社工在基层社会治理过程中扮演的角色、相关实务技能及相关职责。通过专业化嵌入，以专业化培训、内外督导等方式，不断提升驻站社工的专业化水平，并以专业化技能融合行政化工作。

二是把社工元素作为实现行政化与专业化融合的关键因素。作为社工机构，应在内外督导过程中，以专业化嵌入的方式，指导驻站社工尽力化行政工作为专业社会工作，在行政工作中融入更多的社工元素、社工理念和伦理价值，最终使行政工作转化为专业社会工作，实现行政化与专业化的在地化融合发展。

2. 推动社会工作理论与实践融合

一是促进社会工作理论融入基层治理实践。驻站社工应充分发挥主观能动性，在推动行政化吸纳与专业化嵌入的融合发展以实现自身兼具行政化、专业化与社会化的同时，将社会工作理论融入具体实践中，不断提出新思维、新方法，创新推动本土社会工作理论的发展，助推社会工作理论融入街镇社工站的基层治理实践。

二是推动基层治理实践应用社会工作理论。街镇社工站需要创新性地进行在地化融合，推动街镇社工站在开展基层社会治理实践过程中有效应用社会工作理论知识。面对复杂多样的族群关系、困境群体救助等方面的问题，街镇社工站可采取服务型治理，但要注重民族地区社会治理中的在地化（王思斌，2017）。

（三）社工人才的在地化，提升人才专业性

推动社工人才队伍建设，提升社工人才的专业化水平，破解街镇社工站服务专业性困境，对于推动街镇社工站在地化发展具有重要意义。

1. 发掘和培养当地社工人才

一是发掘当地社工，优化社工人才发展环境。（1）发挥政府主导作用。政府有关部门要完善不同层次社工人才教育体系，加大对社工人才的培育力度。（2）不断完善制度保障。通过人才制度设置，为人才队伍的在地化发展创设必要的制度保障。（3）发挥社工机构的积极作用。充分发挥社工机构的资源整合能力，链接高校和基金会等组织参与街镇社工站的人才队伍建设，为当地社工人才队伍建设提供智力、财力支持。

二是创新服务方式，提升社工专业服务质量。（1）完善社工薪酬管理制度。制定相关政策，推动当地社工人才队伍实现制度化、规范化发展。（2）创新服务治理方式。以信息技术助力服务升级，探索适用的街镇社工站服务模式。（3）提供专业培训实践平台。为当地社工提供在地化专业培训和专业督导等机会，提升社工人才的在地化专业技能。

2. 加强专业知识督导与培训

加强在地化专业知识督导与培训，是推进民族地区街镇社工站驻站社工人才在地化发展的重要举措，有利于提升在地化社工人才的专业化水平。

一是大力开展在地化社会工作专业培训。（1）建立在地化专业培训师资库。建立包括专业培训、低保核查、社会救助等各类型细分领域的在地化专业培训师资库，培养当地社工人才。（2）精准培养契合本地需求的社工人才。以街镇社工站为平台，培养能满足群众需求助力民族地区基层社会治理的本地社工人才。（3）采取混合培训方式。围绕社工专业方法、服务理念、专业价值等内容，对本地驻站社工开展在地化专业知识培训。

二是建立健全双重督导在地化培训机制。（1）开展常态化督导服务。按照标准化、规范化的督导培训机制，落实机构内部督导和项目外部督导的常态化双督导制，以内外部常态化督导提升本地社工的专业化水平。（2）建立督导培训长效机制。完善街镇社工站组织设置，形成"师徒制"督导培训机制，在"传帮带"过程中将督导培训纳入街镇社工站管理和培训计划，实现本地社工人才培养的长效性，以促进其专业能力的持续提升。

参考文献

蔡长昆、沈琪瑶，2020，《从"行政吸纳社会"到"行政吸纳服务"：中国国家－社会组织关系的变迁——以 D 市 S 镇志愿者协会为例》，《华中科技大学学报》（社会科学版）第 1 期。

顾永红、刘宇，2022，《行政吸纳服务：双重委托代理困境下政府购买养老服务策略研究——基于武汉市"五社联动"经验》，《社会保障研究》第 2 期。

何雪松、杨超，2019，《中国社会工作的本土化：政治、文化与实践》，《济南大学学报》

（社会科学版）第1期。

侯利文，2019，《行政吸纳社会：国家渗透与居委会行政化》，《深圳大学学报》（人文社会科学版）第2期。

康晓光、韩恒，2007，《行政吸纳社会——当前中国大陆国家与社会关系再研究》，《中国社会科学》（英文版）第2期。

冷向明、张津，2019，《半嵌入性合作：社会组织发展策略的一种新诠释——以W市C社会组织为例》，《华中师范大学学报》（人文社会科学版）第3期。

李鸿、张鹏飞，2022，《乡镇（街道）社会工作站建设依据与路径探索》，《济南大学学报》（社会科学版）第3期。

刘红旭，2021，《灵性、文化与本土化：国内外民族社会工作研究概略》，《贵州师范大学学报》（社会科学版）第4期。

刘锐，2020，《行政吸纳社会：基层治理困境分析——以H市农村调查为例》，《中南大学学报》（社会科学版）第3期。

罗纳德·S.伯特，2017，《结构洞：竞争的社会结构》，任敏、李璐、林虹译，上海：格致出版社。

裘斌，2021，《论乡村"善治"进路中的基层志愿服务——以浙江嵊州"村嫂"为讨论基础》，《甘肃社会科学》第3期。

任文启、吴岳，2022，《基层治理现代化中社工站建设的背景、定位与策略》，《中国民政》第9期。

唐文玉，2010，《行政吸纳服务——中国大陆国家与社会关系的一种新诠释》，《公共管理学报》第1期。

王华华，2018，《从行政吸纳到政治吸纳：城市边缘群体实现幸福的应然路径》，《学习与实践》第4期。

王名、张雪，2019，《双向嵌入：社会组织参与社区治理自主性的一个分析框架》，《南通大学学报》（社会科学版）第2期。

王清，2015，《从权宜之计到行政吸纳：地方政府回应社会方式的转型》，《中国行政管理》第6期。

王思斌，2017，《民族地区的社会治理与社会工作参与研究》，《广西民族大学学报》（哲学社会科学版）第5期。

王为、吴理财，2022，《嵌入、吸纳与生产：新时代乡村再组织化的过程与逻辑》，《社会主义研究》第3期。

徐道稳，2021，《因地制宜推进乡镇（街道）社工站建设》，《中国社会工作》第15期。

颜克高、任彬彬，2018，《嵌入式吸纳：体育社会组织项目制治理的逻辑》，《山东体育学院学报》第 4 期。

杨宝、王超、欧宗灵，2018，《文化遵从或制度绩效：社会工作的信任来源及其变迁研究》，《湖北社会科学》第 6 期。

杨琳琳，2021，《行政吸纳服务：对社会治理共同体的新思考》，《广西社会科学》第 4 期。

钟杨、韩舒立，2020，《行政吸纳与治理资源的生成：基于人民调解专业化的研究》，《行政论坛》第 1 期。

周明、许珂，2022，《组织吸纳社会：对社会治理共同体作用形态的一种解释》，《求实》第 2 期。

Andersson, U., Forsgren, M., & Holm, U. 2002. "The Strategic Impact of External Networks: Subsidiary Performance and Competence Development in the Multinational Corporation." *Strategic Management Journal* 23 (11): 979–996.

Granovetter, M. 1985. "Economic Action and Social Structure: The Problem of Embeddedness." *American Journal of Sociology* 91 (3): 481–510.

Polanyi, K. 2001. *The Great Transformation: The Political and Economic Origins of Our Time*. Boston: Beacon Press.

Zukin, S. & DiMaggio, P. 1990. *Structures of Capital: The Social Organization of the Economy*. Cambridge: Cambridge University Press.

【社会政策研究】

政策工具视角下我国老年健康政策的着力点研究[*]

李 滨 韩 静 肖 渝 秦小峰[**]

摘 要 研究国家老年健康政策，把握政策着力点，增强政策落实效果，有助于解决老年健康问题。本文借助 NVivo 软件，运用文本分析方法，从政策工具和服务系统两个维度研究国家老年健康政策。结果发现：在政策工具使用中，呈现三种不同特点——环境型政策重视政策规划和行业管理，供给型政策侧重公共卫生服务，需求型政策关注示范工程建设，从而表现出环境型政策更受重视，需求型政策使用最少的现状。在服务系统中，呈现关注保障措施、弱化服务对象的特点。在政策工具和服务系统的交叉分析中，表现出选择性使用政策工具和弱化服务对象的特点。据此，我国老年健康政策体系优化可以从以下着力点展开：

---

[*] 本文为2023年重庆市高等教育教学改革研究项目"新文科建设背景下'通专'共融社会工作人才培养模式探索与实践"（233287）、2023年重庆工商大学研究生科研创新项目"社区老年人心理健康赋能服务路径研究"（yjscxx2023-211-108）的阶段性成果。

[**] 李滨，重庆工商大学法学与社会学学院教授，主要研究方向为医务社会工作；韩静，重庆工商大学法学与社会学学院硕士研究生，主要研究方向为老年社会学；肖渝，重庆工商大学法学与社会学学院硕士研究生，主要研究方向为老年社会工作、社区照顾等；秦小峰（通讯作者），山东青年政治学院副教授，主要研究方向为社区治理、农村社会工作等。

加强需求型政策工具的使用；推动对政策工具的互补配合使用；重视服务系统和政策工具的相互整合；强化对服务系统中服务对象的关注。

关键词 政策工具 老年健康政策 政策分析 着力点

一 引言

老年健康政策，是政府对老年人健康服务诉求的回应形式之一。第七次全国人口普查数据显示，2020年我国60岁及以上老年人占总人口比重达18.7%，65岁及以上老年人口占总人口比重达13.5%（国家统计局，2021）。老年人口不断增长，推动着老年相关健康服务需求的产生，老年人有医养结合服务（李秀明等，2016）、精神关怀服务（方建移，2022）、上门医疗服务（曾泉海、凌文豪，2022）和临终关怀服务（徐蔚，2010）等多种健康服务需求。针对老年人多样化的健康服务需求，已有不少政策出台，姚俊、张丽（2018）也指出2013年后我国老年健康政策出台进入密集期，突出表现为国务院联合国家卫生健康委等部门不断出台国家养老服务政策，在战略高度上明确了发展养老服务的紧迫性。政策的完备性表明党和国家十分重视老年健康事业的发展，但由于老年健康事业发展阶段性特点，其相关政策的着力点和关注点会更有针对性，由此政策工具的使用和政策系统构成要素则更加侧重某些方面。因此，有必要对我国老年健康政策文本内容进行分析，明确现有政策体系中政策工具和政策系统构成要素的基本情况，寻找完善我国老年健康政策体系的着力点。国家老年健康政策作为老年健康事业发展的顶层规划，更具有权威性与典型性。截至2023年5月，我国已有30个国家老年健康政策相继出台。对国家老年健康政策进行文本分析，不仅能为当前老年健康服务中的难题提供解决思路，还可以为老年健康政策体系的完善寻找新的着力点。

近年来，我国学界针对老年健康政策的研究不断展开，现有研究方向集中在框架建构、执行模式与效果评估、政策变迁等方面，而针对政策本身展开的研究并不多。具体如下。第一，政策建构研究，包括健康老龄化政策框架的建构（宋全成、温欣，2022）、医养结合的健康养老体系构建（朱志伟，2017）、长期照护社会政策的设计（陆杰华、沙迪，2018；刘军、程毅，2017）、空巢老人的精神需求政策支持研究（白慧玲，2015）。第二，政策评估研究，包括老年健康政策的执行效果研究（王晓慧、向运华，2021）、老年护理补贴政策的实践评估（文太林、张晓亮，2020）、对各省级"健康规划纲要"中老龄政策的分析（王峥、许超，2021）。第三，政策变迁研究，包括老年健康管理政策变迁研究（郦烨琳等，2022）、长期照护服务政策变迁研究（朱震宇，2020）、老年健康服务政策变迁研究（裴晨阳等，2020）。同时，在研究方法上，对老年健康政策文本内容进行的质性研究则更少。基于此，本研究借用 NVivo 质性研究工具，从政策工具和服务系统两个维度构建分析框架，对 30 个国家老年健康政策进行文本分析，以明晰我国老年健康政策的构成特点。

二 政策文本处理及编码

老年健康政策，是国务院、各部委及其直属机构、各省级和地方政府，为促进老年人健康发展和实现健康老龄化目标，所发布的各种通知、建议、意见、规划和地方政策文件等。本研究的老年健康政策来自国家发布主体，通过筛选保留了最有代表性的 30 份政策文件，以此作为研究对象。

（一）政策文本来源

政策文本来源为国务院办公厅和国务院各部委官方网站。为了保障政策文本的权威性与可靠性，以如下标准对政策文件进行筛选。第一，政策发布主体以国务院办公厅、国务院各部委及其直属机构为主。第二，政策文件以规划、意见、通知、计划、公报等为主。通过上述标准共筛选出 30 份老年健康政策文件，如表 1 所示。本研究以此 30 份老年健康政策文件的文本内容为分析对象，通过构建政策工具和服务系统二维政策分析框架，对我国老年健康政策的文本内容进行分析。

表 1　老年健康政策文件

编号	发文年份	政策名称	发文单位
1	2013	《国务院关于促进健康服务业发展的若干意见》	国务院
2	2014	《关于加快推进健康与养老服务工程建设的通知》	国家发展改革委等
3	2015	《国务院办公厅关于印发中医药健康服务发展规划（2015—2020年）的通知》	国务院办公厅
4	2015	《关于推进医疗卫生与养老服务相结合的指导意见》	国家卫生计生委等
5	2016	《国务院关于印发"十三五"卫生与健康规划的通知》	国务院
6	2016	《人力资源社会保障部办公厅关于开展长期护理保险制度试点的指导意见》	人力资源社会保障部办公厅
7	2017	《关于印发"十三五"健康老龄化规划的通知》	国家卫生计生委等
8	2017	《关于促进中医药健康养老服务发展的实施意见》	国家中医药局
9	2017	《国家卫生计生委关于印发安宁疗护中心基本标准和管理规范（试行）的通知》	国家卫生计生委
10	2017	《国务院办公厅关于制定和实施老年人照顾服务项目的意见》	国务院办公厅
11	2019	《关于建立完善老年健康服务体系的指导意见》	国家卫生健康委等
12	2019	《关于深入推进医养结合发展的若干意见》	国家卫生健康委等
13	2019	《关于加强老年护理服务工作的通知》	国家卫生健康委办公厅、国家中医药管理局办公室
14	2019	《国务院关于实施健康中国行动的意见》	国务院
15	2019	《关于开展老年护理需求评估和规范服务工作的通知》	国家卫生健康委员会等
16	2020	《关于开展医养结合机构服务质量提升行动的通知》	国家卫生健康委办公厅、国家中医药管理局办公室
17	2020	《关于开展建设老年友善医疗机构工作的通知》	国家卫生健康委、国家中医药管理局
18	2020	《国家医保局 财政部关于扩大长期护理保险制度试点的指导意见》	国家医保局、财政部
19	2020	《关于加强老年人居家医疗服务工作的通知》	国家卫生健康委办公厅、国家中医药管理局办公室
20	2020	《关于印发医疗卫生机构与养老服务机构签约合作服务指南（试行）的通知》	国家卫生健康委办公厅等
21	2021	《中共中央 国务院关于加强新时代老龄工作的意见》	中共中央、国务院
22	2021	《2020年度国家老龄事业发展公报》	国家卫生健康委

续表

编号	发文年份	政策名称	发文单位
23	2021	《国家卫生健康委办公厅关于开展老年医疗护理服务试点工作的通知》	国家卫生健康委办公厅
24	2021	《关于全面加强老年健康服务工作的通知》	国家卫生健康委等
25	2021	《智慧健康养老产业发展行动计划（2021—2025年）》	工业和信息化部等
26	2021	《国家卫生健康委办公厅关于实施进一步便利老年人就医举措的通知》	国家卫生健康委办公厅
27	2022	《2021年度国家老龄事业发展公报》	国家卫生健康委
28	2022	《"十四五"卫生健康人才发展规划》	国家卫生健康委
29	2022	《关于进一步推进医养结合发展的指导意见》	国家卫生健康委等
30	2022	《"十四五"健康老龄化规划》	国家卫生健康委等

资料来源：北大法宝、国务院及各部委网站。

（二）老年健康政策分析框架

我国已有不少学者展开政策工具的研究，政策工具（治理工具），是政府为了实现某种目标所采取的方式和手段（唐贤兴，2009）。在本研究中，将老年健康政策工具定义为政府为实现健康老龄化的目标，所采取的方式、方法和手段。充分了解我国老年健康政策工具在老年健康政策和老年健康服务系统中的使用情况，有助于寻找政策着力点，推动政策体系不断完善。据此，本文构建了"政策工具和服务系统"老年健康政策二维分析框架。

1. X 维度：政策工具

本研究 X 维度的划分依据是 Rothwell 和 Zegveld（1985）的政策工具分类，包括三种基本的政策工具：第一，供给型政策工具，是指政府通过直接投入推动我国老年健康事业的发展；第二，环境型政策工具，是政府通过改善老年健康事业的宏观外部环境，以间接手段推动老年健康事业发展，包括宣传引导、税收金融、政策规划、目标规划、考评监督、行业管理等；第三，需求型政策工具，是政府以示范工程、服务外包和政府采购等方式，降低老年健康市场的不确定性，激发老年健康市场活力，创新老年健康发展模式（见表2）。

表2 政策工具类型及具体内容

政策工具类型	政策工具名称	具体解释	编号
供给型	资金投入	通过加大待遇补贴、财政拨款、专项经费等资金投入力度,保障老年健康事业的发展	1
	人才培养	通过医学学科教育、标准化培训、人才计划、合作培养等为老年健康领域培养全能型、高层次的专业型人才	2
	基础设施建设	社区卫生服务中心、乡镇医院、医疗卫生机构等增设护理病床;新建扩建老年医院、康复医院、护理院和临终关怀机构等;对老年人生活环境、就医环境和出行环境进行无障碍适老化改造	3
	信息技术支持	运用科技创新、人工智能、互联网等,促进老年健康信息收集、智慧健康养老产品研发和远程医疗服务供给等,通过信息技术的运用提高老年健康水平	4
	公共卫生服务	为老年人提供疾病预防、健康体检和评估、健康档案、健康信息咨询宣传、健康科普、健康教育、康复护理、医疗保健、临终关怀和个性化中医药健康服务等	5
环境型	宣传引导	通过老年健康宣传、专项行动等,增强老年人自身的健康意识;提高养老机构、医疗机构、社会组织和公益组织等促进老年健康事业发展的积极性	6
	税收金融	政府通过财政补贴、税收优惠、水电气费用减免、鼓励保险公司创新健康养老类产品和服务等刺激市场力量促进老年健康事业发展	7
	政策规划	为促进老年健康事业发展制定的一系列法律法规、标准规定、发展规划等	8
	目标规划	是在各个阶段提出的明确的老年健康事业发展目标	9
	考评监督	通过自我检查、政府监督、行业监督和社会监督等方式,对老年医疗健康机构和专业护理人员进行奖励惩罚、考核评定,以及对涉老工程的规划、建设等的全过程监督与检查	10
	行业管理	通过设立标准化规范,明确涉老机构的行业管理办法、行业准入标准、薪酬制度和筹资渠道等;以及涉老医疗护理人员的行为标准、晋升制度和考核奖励办法等	11
需求型	示范工程	政府通过选定试点区、先行区以及医养结合示范省、示范县(市、区)和示范机构等探索模式经验	12
	服务外包	政府将有关项目委托给专业机构、科研院所等社会机构,共同促进老年健康事业发展	13
	政府采购	政府通过购买服务的方式推动社会力量兴办医养结合机构	14

资料来源:作者整理。

2. Y 维度：老年健康服务系统

老年健康服务系统是包括服务对象、服务主体、服务内容、服务方式以及保障措施在内的综合性健康服务系统，其服务对象是有康复、护理和照护需求的患病、高龄和临终老人（王春燕、张飈，2022），老年健康服务的供给需要相关专业和非专业服务主体建立跨学科的多元合作关系，共同为老人提供包括疾病预防、医疗保健、术后恢复和临终关怀等在内的服务内容（王羽，2023）。而老年健康服务主体因其性质不同，采取的服务方式也不尽相同，如政府的政策制定，医疗机构的健康筛查、康复护理，以及志愿者和社会工作者的健康讲座、健康知识普及等方式。此外，老年健康服务系统的平稳运行需要资金、人才、法律法规和基础设施等提供保障。据此，本研究将服务对象、服务主体、服务内容、服务方式以及保障措施作为老年健康服务系统的构成要素纳入分析框架（见表3）。

表3 老年健康服务系统的具体内容

名称	具体内容	编号
服务对象	可以分为农村老人、城市老人、患病老人、空巢老人、高龄老人等	Y1
服务主体	为老人提供健康服务的主体包括专业性主体，如医疗机构、养老机构、安宁机构和社会工作者；非专业性主体，如社区、社会组织、慈善组织、市场等	Y2
服务内容	包括疾病预防、医疗保健、术后恢复、心理关怀、临终关怀和健康知识宣传等	Y3
服务方式	主要指各服务主体为达到老年人健康目的所采取的手段，包括政府政策制定；医疗机构定期开展老年人健康筛查等；养老机构为保障老年人健康配置医疗设备等；社会工作者通过开办健康讲座、普及健康知识等帮助老年人增强健康管理意识等	Y4
保障措施	政府通过人才培养、资金投入、基础设施建设、税收金融、法律法规等，保障老年健康政策目标顺利实现	Y5

资料来源：作者整理。

3. 老年健康政策二维分析框架

通过对政策工具和服务系统两个维度的划分，最终构建了老年健康政策二维分析框架（见图1）。本研究将在此分析框架下，对30份国家老年健康政策文本进行探究。

图 1　老年健康政策二维分析框架

（三）政策文本编码

本研究根据同一政策内容不可再分的原则进行编码，原则上在两个维度中的每一参考点至多归属一个编码节点。在 X 维度中，对全部 30 份政策文本的编码采用"政策文件编号－工具类型编号"方式，共形成 690 个参考点。Y 维度的编码则在 X 维度的编码完成后进行，按照服务系统构成要素，再次对 X 维度的编码结果进行分类，共形成 354 个参考点（见表 4）。

表 4　编码示例

分析维度		条文编号	编码示例
供给型政策工具	资金投入	13-1	由当地卫生健康行政部门按照规定向签约基层医疗卫生机构拨付经费
	人才培养	18-2	加快培养老年医学、康复、护理、营养、心理和社会工作、经营管理、康复辅具配置等方面人才
	基础设施建设	16-3	统筹医疗卫生与养老服务资源布局，重点加强老年病医院、康复医院、护理院、临终关怀机构建设
	信息技术支持	10-4	通过医联体、"互联网+医疗健康"、远程医疗等，将医疗机构内医疗服务延伸至居家，创新居家医疗服务方式
	公共卫生服务	13-5	有条件的医疗卫生机构可以在签约养老服务机构开展健康教育宣传活动和专题健康咨询，举办健康讲座

续表

分析维度		条文编号	编码示例
环境型政策工具	宣传引导	24-6	加强中医药健康养生养老文化宣传
	税收金融	2-7	通过投资补助、贷款贴息等方式给予支持
	政策规划	11-8	相关医疗机构要按照《关于开展老年护理需求评估和规范服务工作的通知》逐步开展老年护理需求评估并规范提供服务
	目标规划	21-9	到2025年，智慧健康养老产业科技支撑能力显著增强，产品及服务供给能力明显提升，试点示范建设成效日益凸显，产业生态不断优化完善
	考评监督	10-10	加大对居家医疗服务的检查指导力度，健全专项检查和第三方评估等工作机制
	行业管理	16-11	符合医疗机构基本标准，并按规定由相关部门实施准入和管理，依法依规开展医疗卫生服务
需求型政策工具	示范工程	26-12	启动老年医学科建设试点工作，遴选一批老年医学科建设试点医院
	服务外包	2-13	采取政府和社会资本合作（PPP）等方式，参与医疗、养老、体育健身设施建设和公立机构改革
	政府采购	9-14	通过政府购买服务等方式，统一开展老年人能力综合评估
服务系统	服务对象	Y1-11-2	失能、高龄或行动不便的老年患者
	服务主体	Y2-16-27	兼具医疗卫生与养老服务资质和能力的医疗卫生机构或养老机构
	服务内容	Y3-10-1	医疗护理服务包括基础护理、专项护理、康复护理、心理护理等
	服务方式	Y4-13-12	签约医疗卫生机构可开展面向养老机构内设医疗卫生机构的远程医疗服务
	保障措施	Y5-12-6	财政部、民政部下达中央专项彩票公益金11亿元，支持42个地区开展居家和社区基本养老服务提升行动项目

资料来源：X维度和Y维度编码内容。

三 老年健康政策的内容分析

本研究通过上述编码方式，在X维度中共形成了690个参考点，其中环境型政策工具所占参考点数最多，需求型政策工具所占参考点数最少。Y维度中共形成了354个参考点，服务系统更加重视保障措施的投入，对服务对象关注较少。同时，为了更清楚地了解各编码中的具体内容，分别对X

维度和 Y 维度中的编码点进行了词云图分析。以下是两个维度的具体内容分析。

(一) 政策工具维度分析

1. 政策工具的描述性分析

三种政策工具使用情况差异较大,环境型政策工具最受重视,占比为 51.74%;其次是供给型政策工具,占比为 40.43%;需求型政策工具使用度最低,占比仅为 7.83%。从政策工具类型分布情况中可以看出,环境型政策工具中,"政策规划"占比最多,其次为"行业管理",两者占比达到了 46.22%,"宣传引导"占比为 18.21%,"税收金融"和"考评监督"使用最少,两者占比之和仅为 20.17%。供给型政策工具中,"公共卫生服务"占比最高,为 30.47%,而"资金投入"占比最少,仅为 11.11%。需求型政策工具中,"示范工程"占比达 77.78%,"服务外包"占比最少,为 5.56%(见图 2)。

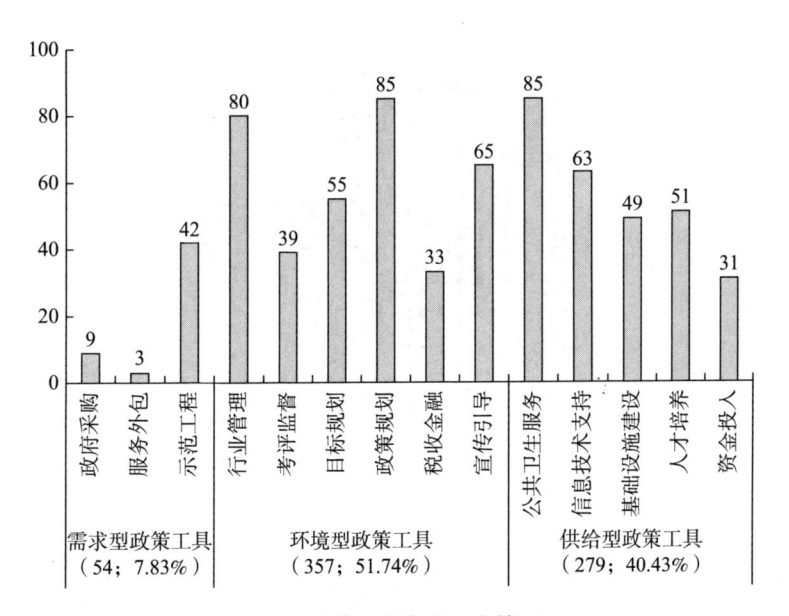

图 2 政策工具类型分布情况

2. 政策工具的词云图分析

为了更清晰地了解各政策工具内部的构成特点，本研究运用 NVivo 的词频分析功能对三种政策工具节点进行了词频分析，得到图 3 至图 5 的词云图，以下是各政策工具词频分析的具体内容。

第一，供给型政策工具呈现侧重发展公共卫生服务的特点。图 3 词频分析显示医疗服务、健康服务、康复护理等是其关注的重点。同时，我国政府也在不断增加人才培养、资金投入、基础设施建设和信息技术支持等配套政策工具的使用，以配合公共卫生服务的发展。现阶段，在人才培养方面，我国老年健康政策中对人才培养的关注点有向全科复合型老年医学人才转变的趋势；在资金投入方面，中央政府财政资金更多流向保障体系，而直接用于老年健康服务的资金补贴则相对较少；在基础设施建设方面，老年健康政策的侧重点在医疗机构、社区和养老机构等的配套设施完善和适老化改造；在信息技术支持方面，政策更加关注与老年健康相关的智能穿戴设备、智能感应设备和智慧服务平台搭建等（见图 3）。

图 3　供给型政策工具词云图

第二，环境型政策工具呈现侧重为政策目标达成营造有利环境的特点。该类型政策工具重点关注"政策规划"和"行业管理"，希望通过有效的顶层政策设计以及对涉老机构和服务人员的服务标准、服务质量和管理办法等的制定，顺利推动老年健康政策实施。图 4 词频分析显示，在税收金融上，我国政府已经逐步放开老年健康市场准入，鼓励保险金融行业开发相关老年健康产品，以及市场主体参与老年医养、康养机构的创办；在目标规划上，本文纳入的30份政策文件的目标较为一致，即优化老年健康服务质量、提升老年健康水平、实现积极老龄化和健康老龄化；在宣传引导上，我国老年健康政策关注的重点是号召多元主体参与到老年健康服务中，近几年存在向引导老年人自身增强健康意识和参与健康服务转变的趋势；在考评监督上，现阶段考评监督的侧重点是对服务机构和服务人员的考评与监督，但该类型政策工具使用度还比较低。通过对30份政策文件进行分析可以看出，考评监督政策工具正在向建立健全对老年健康服务机构、服务人员、服务内容、服务满意度和服务效果等方面进行综合考评监督体系的方向发展（见图4）。

图 4　环境型政策工具词云图

第三，需求型政策工具呈现重点关注示范工程建设的特点。图5词频分析显示，需求型政策工具更关注医疗护理服务、智慧健康服务、中医药服务和养老机构等的试点和示范工程建设。我国政府更倾向于"先试点后推广"的政策推行传统，在示范工程方面，已有多个老年健康服务试点项目和示范工程正在进行，包括医养结合、长期护理保险制度以及安宁疗护等。在政府采购和服务外包方面，已有相关研究指出政府通过购买服务等方式与市场、社会工作组织等展开合作，这不仅会减轻政府负担，还会推动老年医疗、保健和护理等相关金融市场、服务市场和生产市场的发展。我国政府已在开始摸索经验，通过服务外包的方式推动相关养老机构和康养机构的发展（见图5）。

图 5　需求型政策工具词云图

（二）服务系统维度分析

1. 服务系统的描述性分析

我国老年健康服务系统呈现关注保障措施、弱化服务对象的特点。如服务系统构成情况所示，在服务系统构成要素中，保障措施排在第一位，占比为 27.97%；服务对象排在最后，占比仅为 7.34%。其他三项构成要素分布较为平均，服务主体、服务内容和服务方式占比分别为 22.32%、18.64%、23.73%。我国老年健康事业发展正处于起步阶段，此时服务系统的关注点是为后续老年健康事业的平稳运行奠定稳固基础，会更侧重于保障措施方面的投入（见图6）。

2. 服务系统的词云图分析

为了更清楚地了解老年健康服务系统中各构成要素的内容及其特点，运用 NVivo 中的词频分析功能分别对五项构成要素进行词频分析，得到图 7 至图 11 的词云图，各构成要素的具体分析如下。

政策工具视角下我国老年健康政策的着力点研究 95

图 6 服务系统构成情况

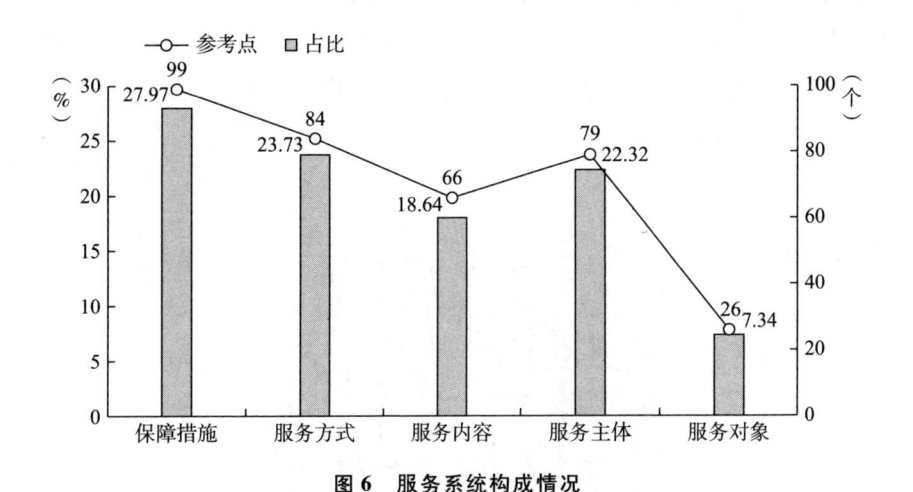

第一，服务对象呈现关注特殊老年人群体的特点。关注患病（慢性病、重病、住院）、高龄、残疾、行动不便、临终、低收入、社区居家等老年群体的特殊健康需求，如残疾和行动不便老人的护理需求、患病老人的医疗康复需求、低收入老人的医疗补贴需求、社区居家老人的社区健康服务需求等（见图7）。

图 7 服务对象词云图

第二，服务主体呈现强调多元主体共同参与的特点。医疗机构、护理机构、乡镇卫生院、医务室、社区、敬老院、企业、大学、党组织等，以及社会工作者、志愿者、护士、医生、中医、康复人员、心理咨询师等相关专业人才建立跨学科老年健康服务团队，共同为老年人提供综合性的健康服务（见图8）。

图8　服务主体词云图

第三，服务内容呈现为老年人提供丰富全面的健康服务的特点。涵盖丰富的健康体检、健康教育、疾病预防、疾病筛查、心理健康咨询、用药指导、康复护理、运动锻炼、膳食搭配、健康知识普及、中医用药等，以及对提供服务人员和机构的技能培训与服务评估（见图9）。

第四，服务方式则呈现多样化的特点。"机构、医疗、中医药、社区、家庭、互联网"等词出现频率较高，反映出服务方式更加关注家庭医生、上门服务、远程医疗、数字化服务、中医服务、社区服务等健康服务模式的设计与运行（见图10）。

第五，保障措施则呈现重点关注资源投入和法律法规的特点。将重点放在加大对老年医学教育资源的投入力度，推动高校老年学科发展和老龄医疗护理专业人才培养；为高龄、贫困老人及其照护者提供最低生活保障、医疗补贴和生活补贴等；加强科技信息支持，推动老年智慧健康产品的研发和使用；加强对涉老机构的考评监督和行业管理，以规范老年健康产业

政策工具视角下我国老年健康政策的着力点研究   97

图 9　服务内容词云图

图 10　服务方式词云图

发展；颁布政策规划和目标规划推动老年健康事业发展等（见图 11）。

（三）政策工具与服务系统交叉分析

为探索老年健康服务系统中政策工具的使用情况，本研究对政策工具和服务系统进行交叉分析，生成"政策工具－服务系统"二维交叉表（见表 5）。服务对象、服务主体、服务内容和服务方式中，都更加重视供给型政策工具的使用。在保障措施中，环境型政策工具使用较多。三种政策工

图 11 保障措施词云图

具在使用过程中,都更加关注保障措施,而对服务对象关注较少。

1. 服务系统构成要素中存在选择性使用政策工具的特点

服务对象、服务主体、服务方式、服务内容都更加关注供给型政策工具,是因为此类政策工具与老年人直接相关。通过公共卫生服务、资金投入、人才培养、信息技术支持、基础设施建设等的投入,就可以显著提高健康服务质量,推动政策目标落实。而保障措施之所以更加重视环境型政策工具,是因为此种服务系统构成要素更关注为老年健康事业发展提供稳定的外部环境,而环境型政策工具中所包含的行业管理、宣传引导和政策规划等,则刚好满足了保障措施构成要素的需求。对于各服务系统构成要素均未过多使用需求型政策工具的特点,则与我国老年健康相关行业发展尚处于试点阶段,政府尚未摸清其市场化运行模式有关。近年来,虽然政府已在不断摸索服务对象、服务主体、服务方式、服务内容和保障措施的市场化运作模式,但仍没有进入大规模市场化阶段。因此,在老年健康服务系统中才会存在选择性使用需求型政策工具的特点,此类政策工具尚不能在各构成要素中发挥其效能。

2. 政策工具和服务系统都呈现弱化服务对象的特点

政策设计需要围绕服务系统的服务对象展开,根据政策评估的用户导向模型,政策用户即政策接受者的目标、需求、关注点等会影响政策的实施效果，如果政策工具使用围绕服务对象展开，则政策实施效果更佳。通过对政策工具和服务系统的二维交叉分析可以看出，两者都存在不同程度弱化服务对象的特点。这可能与我国老年健康事业处于起步阶段，政府更希望构建稳定统一的老年健康服务政策体系有关。因此，基于服务对象自身的多样化健康服务体系构建尚未充分进行。此外，服务系统和政策工具都重点关注保障措施，这也从反面凸显了这种服务对象的弱化。但从目前的政策走向来看，存在将保障措施与服务对象综合考虑的政策发展趋势，如2023年5月21日，中共中央办公厅、国务院办公厅印发的《关于推进基本养老服务体系建设的意见》中正式推出了基本养老服务清单制度，该服务清单针对经济困难的老年人、经认定生活不能自理的老年人、计划生育特殊家庭老年人和特殊困难老年人等设计了不同类型的照护服务清单。

表5 政策工具－服务系统二维交叉表

服务系统	供给型政策工具					环境型政策工具					需求型政策工具			总数	占比(%)
	资金投入	人才培养	基础设施建设	信息技术支持	公共卫生服务	宣传引导	税收金融	政策规划	目标规划	考评监督	行业管理	示范工程	服务外包	政府采购		
服务对象	3	0	5	3	5	2	0	5	2	0	0	1	0	0	26	7.34
服务主体	2	15	12	0	17	11	0	2	12	2	5	0	0	1	79	22.32
服务内容	0	4	3	6	35	8	2	4	1	0	2	0	0	1	66	18.64
服务方式	0	1	13	15	21	13	4	8	3	0	5	0	0	1	84	23.73
保障措施	17	8	8	7	6	0	10	14	7	10	8	3	0	1	99	27.97

资料来源：作者整理。

四 国家老年健康政策的未来着力点

综合以上描述性分析和词频分析结果，发现我国老年健康政策存在如下特点：第一，政策工具中环境型政策工具受到重视，需求型政策工具则使用较少；第二，服务系统中存在选择性使用政策工具的现象；第三，老年健康服务系统关注保障措施、弱化服务对象。据此，本研究认为可从如下着力点展开推动老年健康政策的不断发展。

（一）加强对需求型政策工具的使用

针对国家老年健康政策中需求型政策工具使用较少的特点，本研究认为需要加大对需求型政策工具的使用力度。具体可从以下方面展开。首先，改变传统的资金投入方式。将财政资金直接投入转变为政府采购和服务外包，通过政府出资购买老年健康服务的方式，吸引市场和社会组织等多元主体参与到老年健康服务供给中，扩大老年健康服务的消费群体，增强社会层面对老年健康服务的使用意愿和支付意愿。其次，转变政府在老年健康服务供给中的角色，从服务供给者、资金提供者、管理者和运营者，转变为资金提供者、管理者和监督者。政府通过角色转变，把服务和运营的权力让渡给市场主体，以激发老年健康市场的活力，推动医养结合机构、养老机构和康复护理中心等服务模式的创新和资金来源的扩大。最后，不断扩展政府购买服务目录清单，将政府购买服务目录清单从基础的健康体检、健康知识普及和生活照料等，扩展到医疗、康复、保健、护理和临终关怀等，以此推动老年健康相关产业发展。

（二）推动对政策工具的互补配合使用

针对政策工具中各类型工具的使用各有侧重的特点，本研究认为老年健康政策目标的实现，需要各政策工具取长补短相互配合使用。首先，推动政策工具间的配合使用，环境型政策工具是政策目标实现的保障，供给型政策工具是政策执行的基础，而需求型政策工具则是未来政府老年健康政策体系的关键着力点，是政策执行方式的创新，这三种政策工具的使用需要相互协调。其次，各政策工具内部的相互配合也不容忽视，供给型政策工具需要更加关注资金投入、人才培养和基础设施建设；环境型政策工具则需要加强税收金融和考评监督的配合使用，创新老年健康金融产品，为老年健康市场发展营造有利环境；需求型政策工具内部，则要对政府采购与服务外包多加关注，激发社会面健康需求，形成"政府－社会－个人"共同参与的老年健康市场格局。

（三）重视服务系统和政策工具的相互整合

针对老年健康服务系统中存在选择性使用政策工具的特点，本研究认为要推动政策工具与服务系统的相互整合可以从以下方面进行。首先，政策工具的选择要适应政策施行的外部环境和政策目标。政府在进行政策工具的选择时，需要看到社会层面对于健康服务和产品的需求。其次，政策工具的选择要围绕政策的服务对象展开。政府在进行政策工具选择时需要综合考虑老年人的需求意愿、身体状况、支付意愿和支付能力等方面，防止出现供需不匹配的情况。我国近年来展开的长期护理保险制度试点和医养结合实践等，都主要围绕着高龄老人、患病无法自理老人、重度病患老人和有康复保健需求的老人展开，而针对低龄、身体健康且有健康需求老人的政策工具制定与使用有待展开。对此，需要推动政策工具与服务对象相互协作，将政策的着力点逐步转向差异性的、多样化的老年健康政策体系建设。

（四）强化对服务系统中服务对象的关注

本研究对30份政策文件的文本分析发现，在政策工具和服务系统中都存在不同程度弱化服务对象的现象。忽视服务对象的需求意愿表达，将会导致政策制定与实行中的有效性和回应性问题。据此，本研究认为可以从如下方面强化对服务对象的关注。首先，要激发服务对象自身需求意愿的表达。这就需要政府在政策设计时配合使用宣传引导政策工具，加强对服务对象的宣传引导，激发老年人的主体性，使老年人能够为老年健康服务事业积极发声，融入政府的政策设计中。其次，政府要适当放开老年人参与政策制定的渠道与范围。老年人是老年健康政策的服务对象和目标群体，其对政策的看法和自身需求会更有助于政策制定。最后，我国老年健康政策工具和服务系统在进行配置时，需要明确对服务对象的关注是多重的。其一，关注服务对象类型的多元性，如居家老人、经济困难老人、生活不能自理老人和临终老人等不同类型老年人群体的健康服务。其二，关注服务对象需求的多样性，即需要关注老年人的精神关爱、健康管理、健康教育、临终关怀等多方面的健康服务需求。

参考文献

白慧玲，2015，《城市空巢老人精神需求的政策支持》，《中共山西省委党校学报》第4期。

邓佳欣、李尚静、王晓昕、张媚、肖蕾，2022，《政策工具视角下2009—2019年国家卫生健康政策核心公文评述》，《现代预防医学》第18期。

方建移，2022，《积极老龄化离我们有多远——基于老年人精神需求的思考与探索》，《浙江工商大学学报》第1期。

管兵、王虹，2021，《"村改居"社区养老城乡混合福利体系》，《华南师范大学学报》（社会科学版）第5期。

国家统计局，2021，《第七次全国人口普查公报（第五号）——人口年龄构成情况》，《中国统计》第5期。

李静，2016，《福利多元主义视角下社会企业介入养老服务：理论、优势与路径》，《苏州大学学报》（哲学社会科学版）第5期。

李秀明、冯泽永、成秋娴、王霞、冯丹，2016，《重庆市主城区老年人医养结合需求情况及影响因素研究》，《中国全科医学》第10期。

郦烨琳、励晓红、孙禾奇、陈刚、孙梅、吕军，2022，《我国老年健康管理相关政策的变迁》，《医学与社会》第11期。

刘军、程毅，2017，《老龄化背景下失能老人长期照护社会政策设计》，《云南民族大学学报》（哲学社会科学版）第4期。

陆杰华、沙迪，2018，《老龄化背景下失能老人照护政策的探索实践与改革方略》，《中国特色社会主义研究》第2期。

裴晨阳、胡琳琳、刘远立，2020，《我国老年健康服务政策的发展演变与未来建议》，《中国卫生政策研究》第11期。

宋全成、温欣，2022，《论积极的健康老龄化的政策框架与行动方略》，《中州学刊》第8期。

唐贤兴，2009，《政策工具的选择与政府的社会动员能力——对"运动式治理"的一个解释》，《学习与探索》第3期。

王春燕、张魑，2022，《2018-2021年我国老年健康服务研究热点及趋势可视化分析》，

《中国预防医学杂志》第 3 期。

王瑞祥，2003，《政策评估的理论、模型与方法》，《预测》第 3 期。

王晓慧、向运华，2021，《我国老年健康政策的演进及执行效果研究》，《江汉学术》第 3 期。

王羽，2023，《我国老龄健康政策近十年推进经验及未来思考》，《卫生经济研究》第 5 期。

王峥、许超，2021，《23 省"健康规划纲要"中的老龄政策分析——健康老龄化视域下的 Nvivo 质性研究》，《中国卫生政策研究》第 12 期。

文太林、张晓亮，2020，《中国老年护理补贴政策实践与实证》，《地方财政研究》第 8 期。

徐蔚，2010，《我国城市社区老年人健康状况评价及医疗服务需求调查》，《中国全科医学》第 25 期。

姚俊、张丽，2018，《政策工具视角下中国养老服务政策文本量化研究》，《现代经济探讨》第 12 期。

曾泉海、凌文豪，2022，《需求溢出理论视角下老年人对社区上门医疗服务的需求研究》，《医学与社会》第 11 期。

朱震宇，2020，《中国长期照护服务政策演变与发展逻辑》，《中国卫生政策研究》第 10 期。

朱志伟，2017，《医养结合健康养老体系的构建性研究——以发展型社会政策的分析视角》，《医学与哲学》（A）第 10 期。

Rothwell, R. & Zegveld, W. 1985. *Reindustrialization and Technology*. London: Longman Group Limited.

英国社会工作立法与体制建设对中国的启示[*]

黄匡忠　许蔚洋[**]

摘　要　本文通过对英国社会工作立法与体制建设的研究，发现英国社会工作立法的重点在于如何规范社会工作服务和建立完善的监管机制，以保障服务使用者的权利和社会工作者的专业性。英国的经验表明，发展专业社会工作必须有法可依，社会工作立法既要规范社会工作者的实践能力，又要保证社会工作者的服务生态，包括社会工作服务机构对社会的公众责任和对涉众的服务责任。当前我国社会工作立法思路可从管理机构、认证注册、服务监管、权利与义务等方面出发，通过进行综合社会工作立法和整合社会管理立法，完善制度建设。

关键词　社会工作立法　社会工作能力　服务标准

一　社会工作的发展与法律地位

2020年2月，习近平总书记在统筹推进新冠肺炎疫情防控和经济社会

---

[*] 本文系广东社会工作立法研究课题部分成果，该课题由广东省民政厅慈善事业促进和社会工作处资助。
[**] 黄匡忠，北京师范大学－香港浸会大学联合国际学院社会工作硕士课程主任，应用心理学教授，主要研究方向为应急防灾、社会工作立法、医务社会工作、养老服务等；许蔚洋，北京师范大学－香港浸会大学联合国际学院社会工作学士、传播学文学硕士，主要研究方向为家庭暴力司法实践等。

发展工作部署会议上提到"要发挥社会工作的专业优势，支持广大社工、义工和志愿者开展心理疏导、情绪支持、保障支持等服务。慈善组织、红十字会要高效运转，增强透明度，主动接受监督，让每一份爱心善意都及时得到落实"①。社会工作者在社区抗疫中的关键角色受到了总书记与中央政府的肯定。

2023年3月16日，中共中央、国务院印发了《党和国家机构改革方案》，其中一项重要内容是组建中央社会工作部。作为党中央职能部门，其具体工作涵盖以下范围：负责统筹指导人民信访工作；指导人民建议征集工作；统筹推进党建引领基层治理和基层政权建设；统一领导全国性行业协会商会党的工作；协调推动行业协会商会深化改革和转型发展；指导混合所有制企业、非公有制企业和新经济组织、新社会组织、新就业群体党建工作；指导社会工作人才队伍建设等。

从2006年国家表示要建立一支庞大的社会工作者队伍开始，转眼16年已过。考取了国家认可的社会工作者职业资格证书的人数在不断增加，社会工作涉足的领域在不断扩大，在司法社会工作、医务社会工作、禁毒社会工作、青少年社会工作、老年社会工作领域的扩充尤其迅速。2016年，全国持证社会工作者总量是28.8万人，到了2022年10月，全国持证社会工作者总量达92.9万人。6年间增加了64.1万人，是当初的3.2倍之多，非常惊人。至2022年，全国已建成乡镇（街道）社工站2.5万余个。② 社会工作人员和社会工作服务点数量的增加说明社会对此专业的认可，但相应地，对专业的期望和要求随之而来。

社会工作是一项专业性和职业性很强的工作，亟待国家层面的规范引导。目前有关社会工作的立法依然滞后，截至2023年9月4日，共有社会工作相关中央法规152个（包括部门规章、党内法规制度及团体规定），地

---

① 《习近平：要发挥社会工作的专业优势 支持广大社工、义工和志愿者开展服务》，http://www.sohu.com/a/376111320_100002454。
② 《民政部举行2022年第四季度例行新闻发布会》，http://www.scio.gov.cn/xwfb/bwxwfb/gbwfbh/mzb/202211/t20221111_619625.html。

方规范性文件389个①，全国性社会工作立法尤为缺乏。当前广东省没有直接统领社会工作者的省级立法，地方性法规有两个，即《汕头经济特区社会工作者条例》（2015年3月1日实施）和《广州市社会工作服务条例》（2018年5月30日通过）；地方性规章仅有《珠海市社会工作促进办法》（2022年10月31日修订）。

本研究以英国社会工作立法为样本，进行基准化分析，从而明确社会工作立法的目标、范围与重点内容。英国是最早推行全面性社会福利的国家之一，是社会工作领域的立法先行者。1601年，英国伊丽莎白女王颁布了《济贫法》，1834年英国政府又通过了《济贫法》（修正案），即《新济贫法》。济贫立法的意义在于将社会救济事业的管理交由国家负责。《济贫法》和《新济贫法》也为英国在二战爆发后（1942年）发表著名的《贝弗里奇报告》，推行社会保障计划，建立福利国家制度提供了铺垫（沈春耀，2009）。英国政府在提供社会服务方面有着较完备的法例（曲玉波，2015），1989年英国儿童法案规定政府有责任保障儿童权益，并为其家庭提供高质量服务，其后健康与社会服务署（Department of Health and Social Care, DHSC）便须负责执行该儿童法案（Jones, 2012）。社会工作是助人的专业，但也肩负法律和公共责任，2001年英国开始了对社会工作专业的法律管理，由当时的综合社会关怀局负责；2012年由健康与照顾专业局接管监管功能；2018年改由新成立的法定机构英国社会工作局负责管理。英国社会工作立法思路严密、经验扎实，对我国社会工作法制的建立与完善很有参考价值。

二　研究方法

（一）为何选择英国为样本

英国的社会工作专业化历史悠久，经历了不同执政哲学的演变。第二次世界大战爆发后，英国工党参照《贝弗里奇报告》实施了医疗、公共房屋、义务免费教育、全民社保和就业促进四大社会福利措施，此举在英国

---

① 通过北大法宝（https://www.pkulaw.com/）输入"社会工作"后进行"法律法规-中央法规"及"法律法规-地方法规"检索获得结果。

福利国家的发展演变史上有着里程碑意义。到20世纪六七十年代，英国福利国家制度已形成，其完善的社会福利制度被誉为"从摇篮到坟墓"均受国家照顾的福利典范。其后保守党撒切尔夫人执政，英国在其保守主义的政策下大力改革社会福利制度。保守党政府将大量社会工作服务外包给了民间组织，由此一些传统的社会工作岗位便从地方议会转移到民间机构。民间机构用人政策相对灵活宽松，因而引入了非专业人士履行社会工作者的职责，但这也导致了行业专业化出现一定程度的倒退。自从英国政府发布政策允许地方议会将社会服务交由民间机构承办，社会各界均认为行业需要被监管。英国政府一方面推动着社会服务"去公务员化"，甚至"去专业化"，另一方面又须保证社会服务的质量和水平，因而设计了严密的专业注册流程和监管制度（雷杰、蔡天，2019）。

（二）基准化分析法

基准化分析法（Benchmarking），又称标杆分析法，是过去20年间商业管理学领域十分流行的管理改善策略（Buehring et al.，2004）。基准化分析法的应用首先需要认定一个表现优异的个案，然后通过针对此个案进行分析（Single Case Analysis），进一步量度和分析与待改善单位之间的差异（Gap Analysis）。

基准化分析法的成功有赖于以下几点：优异个案的正确选择；制定可以量度的指标来分析比较优异个案与待改善单位的差距；优异个案与待改善单位均能提供所制定的量度指标；引起差异的原因可以客观上被改善。

Moriarty（2011）指出基准化分析法需要找出与有效性相关的必要条件（necessary condition）和充分条件（sufficient condition）。寻找"必要条件和充分条件"是基准化分析法在衡量优异个案与待改善单位两者间差异以外非常重要的目标。

（三）收集英国社会立法的相关资料

为进一步了解英国社会工作专业的发展及相关立法内容，本研究团队采用访谈法（Face to Face Interviews），并于2018年5月3~4日前往英国伦敦考察，探访了具有代表性的社会工作服务监管机构。本访谈没有包括前线非政府社会工作机构，但包括了英国社会工作者的代表性团体，即英国社会工作者协会（British Association of Social Workers，BASW）。机构名单与访谈行程如表1所示。

表1 机构名单与访谈行程

访问机构	访谈对象	日期
英国专业标准局（PSA）	英国专业标准局总监亨利·凯顿爵士（Harry Cayton），政策与研究部主任贾斯廷·巴顿女士（Justin Barton）	2018年5月3日
健康与照顾专业局（HCPC）	政策部代理总监凯瑟琳·蒂姆斯女士（Katherine Timms）	2018年5月3日
社会照顾质量委员会（CQC）	监管政策官员埃普丽尔·科尔女士（April Cole）	2018年5月4日
英国社会工作者协会（BASW）	BASW政策与研究部主任卢克·盖根先生（Luke Geoghegan），国际事务委员会主席大卫·N.琼斯教授（David N. Jones），议院联系人玛德琳·詹宁斯女士（Madeleine Jennings），政策研究官员戈德弗雷德·博亨博士（Godfred Boahen）	2018年5月4日

（四）访谈大纲

访谈以半结构化方式进行，在探访这些监管社会工作的法定机构和代表英国社会工作者专业性的团体时，研究团队提出了以下几个访谈题目：

（1）社会工作服务的领域与范围、法定与非法定；

（2）社会工作者的准入制度、晋升制度与相关专业要求；

（3）社会工作者的个人服务质量保证与持续学习；

（4）社会工作者专业行为的守则与监督；

（5）社会工作服务机构的设立、牌照制度、机构治理、财政支持与监督；

（6）社会工作服务执行时的社会工作者及社会工作服务机构的法律保障；

（7）上述各点的法律保障。

通过访谈整理了英国社会工作立法相关内容后，研究团队也收集了相关的社会工作法律法规、民政部门的政策意见和中国社会工作联合会的资料，就上述7点以做比较。国内的资料均以政府的公开资料与认可社会工作专业协会的公开资料为准。

在量度指标或准则的选择上，可量度性不一定是数据化，例如，接受定期督导是可量度的，但不一定有现成的数据。这些指标可以让研究人员对我国与英国社会工作制度建设的差异进行精准的比较。

三 研究结果

（一）社会工作监管制度的演变与分工

英国社会工作者协会于1970年成立。该协会前主席与现任国际事务委员会主席琼斯教授于2018年与研究团队在英国伦敦访谈时指出，专业监管是英国社会工作者协会以及其前身社会工作者组织争取了50年的成果，首要目的是保障公众和服务使用者的利益（Jones，2018）。2001年，英国成立了第一个社会工作监管法定机构，即综合社会关怀局（General Social Care Council，GSCC）。至2012年8月，由健康与照顾专业局（Health and Care Professions Council，HCPC）接管监管功能，GSCC亦因此而解散。2018年下半年，英国社会工作法定监管机构由独立组织英国社会工作局（Social Work England，SWE）接管。

1. 英国专业标准局

英国专业标准局（Professional Standards Authority，PSA）的职责是通过指导专业监督机构设立合适的标准来对各专业人士的表现进行规范。作为英国所有专业管理的最高层次法定组织，英国专业标准局依法管理包括社会工作在内的9个专业，考察专业人士在工作岗位上能否发挥他们应有的专业水平。该局不直接监管专业个人或机构，该局每年处理约4000份由各专业监督机构提交的有关专业个人的投诉报告。依照法律，英国专业标准局有权督促监管机构进行整改，或将个案移交法庭处理；被监管机构指责的专业人士亦可上诉。

2. 健康与照顾专业局

健康与照顾专业局是英国社会工作者曾经的主要监管机构，其监管范围包括社会工作者的教育、社会工作人员的服务标准、社会工作人员的表现、注册记录管理以及持续教育发展。HCPC共监管包括社会工作在内的16

个专业，只监管专业人士个人，不监管机构。其主要制度建设如下所示。

（1）专业标准的制定

HCPC 经广泛咨询制定了社会工作专业人士服务标准，包括道德标准和能力标准（Health and Care Professions Council，2016）。此外，还发表了与社会工作专业课程相关的《英国社会工作教育的调研报告》（*Social Work Education in England*）以及针对社工实习生、雇主、社会工作机构的权威指引。

（2）社会工作者的注册与续期

该监管机构通过严格的注册和续期注册制度来确保社会工作者持续的工作胜任能力。根据其设定标准，社会工作者申请注册需满足以下要求：学历达标并提供《健康及品格声明书》（*Health and Character Statement*）。已注册的社会工作者需每两年续期注册一次，向该机构提供两年间详细的专业学习和反思记录作为申请依据，这称为"持续专业发展"（Continuing Professional Development）。HCPC 委托调查机构对申请续期注册的社会工作者所提供的资料按照 2.5% ~ 3.0% 的比例进行随机抽样调查核实，请专业人士做质性评估。如果申请人因错过续期注册时效导致注册身份失效，则需寻找督导进行重新培训和自我学习，并由督导评定其再注册申请身份是否合格。

（3）对关于社会工作者的投诉的处理与法律审裁

社会工作人员是该机构收到投诉较多的专业之一，被投诉事件多涉及"不适宜关系"，混淆专业关系和个人关系，包括利用专业关系和服务对象产生个人亲密或性关系。为此，HCPC 内部设立纪律处理部门"审裁处"（Tribunals），其虽不属于国家执法部门，但按照监管机构法例这一部门拥有一定的法律权力。被投诉违规者会由该部门初步审定其是否有违规行为，如有则移交至"审裁处"，被投诉人可以自辩或聘请律师。针对社会工作者的违规行为，HCPC 通常有以下几种处理方式：警告（caution）；有条件继续履职（condition），如接受督导或持续进修；暂停职务（suspension）；取消注册（cancellation）。

3. 社会照顾质量委员会

（1）社会工作服务机构的准则与指标

社会照顾质量委员会（Care Quality Commission，CQC）是面向英国健康和社会护理行业的独立监管机构，旨在通过检验服务提供者是否遵守及实施一系列服务准则，评估服务是否达标。

（2）社会工作服务机构的稽查制度

CQC设置稽查制度，对专业机构的服务质量进行常态化评估。依照法律，养老机构、医院、卫生院、牙科诊所、普通门诊、救护车服务以及残障人士服务机构、福利院等须向CQC申请注册并接受稽查。稽查依据四级评分制进行评级，以突击检查的形式开展，评分结果不合格的机构须在半年之内再次接受稽查（Care Quality Commission，2016）。

4. 英国社会工作局

直至2018年下半年，一个崭新的法定机构"英国社会工作局"依据《社会工作者条例2018》，以独立姿态承接了从HCPC剥离出来的社会工作监管职责。其监管范围包括社会工作者的教育、社会工作人员的服务标准、社会工作人员的表现、注册记录管理以及持续教育发展。

综上，在英国专业标准局的指导下，健康与照顾专业局（而后为"英国社会工作局"）监管专业人士的行为和资质，社会照顾质量委员会则通过稽查制度促进机构管理水平和服务质量的提升。可以说，英国社会工作局负责监管社会工作专业人士，社会照顾质量委员会则负责监管社会工作服务机构，两者在职能上形成互为补充的关系。

（二）社会工作促进制度

单纯设立监管机构并不足以应对行业专业化遇到的问题，英国社会工作者协会的存在补充了监管以外的职能缺陷。该协会通过保障社会工作者的基本权益，规范和改善社会工作者所处的工作环境和条件，减少人才流失，从而确保行业专业性，促进人权保障与社会公正的实现。

1. 英国社会工作者的胜任力危机

社会工作在英国一度变得政治敏感，多起社区虐待儿童致死事件引起全国哗然，公众开始质疑社会工作机构是否有足够能力吸引到专业人才。英国政府为回应舆论压力，于2018年成立了新的独立监管机构"英国社会工作局"，然而此举并未能解决社会工作专业化所面对的问题。BASW政策研究官员戈德弗雷德·博亨博士指出，社会工作人才的培训和保留仍是关键。

当时英国社会工作服务面临职业准入门槛及教育准入门槛低的尴尬局面，社会工作者也常因薪酬不高、工作环境人文关怀不足而难以坚守前线。一些地区及机构招募非专业人士进行在职培训，使他们担任"儿童危机评估"工作，此举打开了专业服务门槛的缺口，挤占了专业人士的就业机会。此外，一些地方议会作为社会工作的最大雇主，与院校达成联盟，要求院校开办特设速成课程培养社会工作者。由此出现了除专业本科、硕士之外成为社会工作者的第三条速成路径（Fast Trek）和议会合作类课程。但由于地方议会的短视与偏差，在课程内容设置上删减了本科课程应有的内容，导致专业课程的设置出现差异性和片面性。

2. 英国社会工作者的胜任力与职业发展阶梯

为巩固专业门槛、挽留优秀的社会工作者坚守一线，BASW从制度层面采取行动，建立职业梯级和相应薪酬激励的体制，出台社会工作者资格分级标准和"社会工作人员专业发展及胜任力框架"（见表2）。

表2 社会工作人员专业发展及胜任力框架

总领域	描述	能力领域维度	描述
目标	作为社会工作者，为何从事我们的工作、持守我们的价值观和道德以及我们如何开展工作	价值与伦理	应用社会工作价值观和伦理来指导专业实践
		平等与文化多样性	承认文化多样性，并在实践中运用反歧视和反压迫原则
		权利、公义与经济福祉	增进人的权利并促进社会正义和经济福祉
实务	我们做什么——为行动和从事社会工作而开发具体技能、知识、干预措施和批判性分析能力	知识	开发和应用来自社会工作实践、研究及法律和其他专业、相关领域的知识，以及与服务使用者经验相关的知识
		批判性反思和分析	应用批判性反思和分析，为专业决策提供信息和依据
		技巧和介入	利用专业判断力、知识和权威对个人、家庭和社区进行干预，以促进独立、提供支持、防止伤害并推动进步

续表

总领域	描述	能力领域维度	描述
影响	我们如何发挥作用——有能力通过我们的实践、我们的领导力及专业背景和我们的整体专业精神带来变革	处境与组织	参与、告知并适应不断变化的组织环境以及塑造实践的社会和政策环境。在组织和服务（包括多机构和跨专业环境）内有效运作并为其发展做出贡献
		专业领导力	促进专业和良好的社会工作实践；对他人的专业学习和发展负责；发展个人影响力，成为集体领导力和行业影响力的一部分
		专业精神	成为一名真正的专业社会工作者，致力于专业发展

资料来源：BASW，2021。

上述框架要求社会工作者拥有目标、实务和影响三大范围的能力，进而细分为九个能力领域维度（BASW，2018b），并由此将完成资格预审之后的社会工作者的等级划分为新入职社会工作者、社会工作者、有经验的（五年）社会工作者、高级社会工作者、策略社会工作者。

挽留优秀人才还需进一步完善对社会工作者的权益保障。当社会工作者面对投诉和监管机构的调查时，常因有口难辩或高昂律师费而处于弱势地位（Worsley et al.，2017），在服务过程中也常面临遭恐吓、伤害等安全问题。BASW 承诺聘任专业人士为有需求的社会工作者提供法律援助，并加强对工作环境的监管和完善。

（三）英国与我国社会工作法制的差异分析

从上文的访谈重点中，本研究摘取了英国社会工作体制的法律基础，收集了我国社会工作直接相关的法律法规和政策文件，就研究主题的7个议题进行了比较，并把英国与我国社会工作法律法规及相关制度的差异列于表3。

法制包括法律和社会工作相关法律执行中的法定机构设置，社会组织及专业社会工作者的权责和义务，也包括法律执行的情况。法律包括整全性的立法及不同社会管理法中涉及社会工作的内容。目前中国虽然尚无完整、明确的社会工作法律，但是已有政府部门制定的相关制度，它是在社会工作领域中一种正式的、相对稳定的、制度化的社会规范。

表 3　英国与我国社会工作法律法规及相关制度的差异

	英国	中国
1. 社会工作服务的领域与范围、法定（英国）与非法定（中国）	社会工作者的雇主主要是医院和各地方政府，私人机构占极少数；医院方面由健康部门负责管理，各地方政府由中央政府管理。 至 2022 年 11 月 30 日，英国共有 100654 名注册社会工作者。其中 52.1%从事家庭及儿童服务，31.2%从事成人社会服务，7%从事其他社会工作服务（Social Work England, 2023）。 社会工作者受法律监督和保障（UK Legislation, 2018）	涵盖儿童、青少年、老年、救助、助残、矫正、社区、学校、医院及企业等 10 个社会服务领域（中国社会工作协会，2014）
2. 社会工作者的准入制度、晋升制度与相关专业要求	（1）传统准入制度：社会工作者申请注册需学历达标并提供《健康及品格声明书》； （2）近期准入制度：地方政府聘任除获专业本科、硕士学位之外，容许通过速成路径（Fast Trek）获得资历的人士担任社会工作者岗位； （3）准入制度的调整与分流：英国社会工作者协会提出社会工作者资格分级标准和"社会工作人员专业发展及胜任力框架"	通过累计和考证得到等级晋升。 社会工作者职业水平考试等级分助理社会工作师、社会工作师、高级社会工作师。 国家职业资格等级分社会工作者四级、社会工作者三级、社会工作者二级、社会工作者一级（深圳市民政局，2007）
3. 社会工作者的个人服务质量保证与持续学习	HCPC 要求持续专业发展注册社工每两年续注并提供专业学习和反思记录，申请人错过续注需要进行重新培训，一般是觅得一名有经验的社会工作人员担任督导，然后进行自我学习，最后由该督导评定是否合格可以重新注册	（1）社会工作督导制：由机构内资深的社会工作者，对机构员工进行定期和持续的监督、指导，传授专业服务的知识与技术。 （2）评估：建立由购买方、服务对象及第三方组成的综合性评估机制，及时对已完成社会工作服务项目进行验收。积极推进第三方对服务机构所承担项目的项目管理、服务成效、经费使用等内容进行综合考评（民政部，2012a）
4. 社会工作者专业行为的守则与监督	PSA 有权督促监管机构进行整改，或将个案移交法庭处理。 HCPC 负责监管专业人士行为和资质；内部设纪律处理部门"审裁处"	2012 年 12 月 28 日，民政部发布《社会工作者职业道德指引》。其总则为：尊重服务对象，全心全意服务；信任支持同事，促进共同成长；践行专业使命，促进机构发展；提升专业能力，维护专业形象；勇担社会责任，增进社会福祉（民政部，2012b）。但该文件没有提到监管主体责任与投诉处理程序

续表

	英国	中国
5. 社会工作服务机构的设立、牌照制度、机构治理、财政支持与监督	(1) 传统上英国社会工作局公营部门、医院社会工作服务由国民医疗服务体系（National Health Service）提供；其他照顾服务由地区政府提供。 (2) CQC负责通过稽查制度促进机构管理水平和服务质量提升。 (3) 1970年后政策发生改变，地区政府可以委托私人机构或自行组织商业公司来承担儿童、家庭、养老和社区等社会工作服务，见《开放公共服务白皮书（2011）》。英国社会工作者协会对此社会工作服务私营化表示担忧（BASW, 2018a）	成立民办社会工作服务机构，应当符合《民办非企业单位登记管理暂行条例》规定的条件，专职工作人员中应有三分之一以上取得社会工作者职业水平证书或社会工作专业本科及以上学历，章程中应明确社会工作服务宗旨、范围和方式。 由各级民政部门按照《社会组织登记管理机关受理投诉举报办法（试行）》要求对受理的投诉予以调查和处理。对于涉嫌违反社会组织登记管理法规的问题线索，各级民政部门要依法予以调查核实，经调查属实的，依据《民办非企业单位登记管理暂行条例》以及《社会组织登记管理机关行政处罚程序规定》要求，及时予以查处
6. 社会工作服务执行时的社会工作者及社会工作服务机构的法律保障	BASW按照英国专业标准局的《2020年英国社会工作者雇主标准》保障社会工作者权益，更聘任专业人士为有需求的社会工作者提供法律援助，加强工作环境监管（Local Government Association, 2020）	无法律规定。《广州市社会工作服务条例》第四章已列明保障与监督的条文，但重点是政府部门会按市场化原则向社会工作服务机构购买服务
7. 上述各点的法律保障	《社会工作者条例2018》（The Social Workers Regulations 2018）	《社会团体登记管理条例》《民办非企业单位登记管理暂行条例》《关于改革社会组织管理制度促进社会组织健康有序发展的意见》《民办非企业单位（法人）章程示范文本》等。此外，2013年2月17日开始实施的《珠海市社会工作促进办法》是我国首部社会工作地方政府规章。2014年12月，《汕头经济特区社会工作者条例》获得通过；2018年7月《广州市社会工作服务条例》获得批准

从上述比较可以发现，英国与英国在社会工作法制方面的差距如下。

1. 服务领域

我国和英国在社会工作服务领域方面并没有太大差距，但英国社会工作的服务以公营为主，我国以市场为主。

2. 准入制度

我国及英国对社会工作者的准入要求都有列明。英国的准入制度是以学历为基础；我国是以公开考试为基础。

3. 社会工作者的持续认证

英国对社会工作者的专业能力有持续认证的要求，我国没有。

4. 社会工作者专业准则

我国及英国对社会工作者的专业准则都有列明。但英国有专门的监督机构负责接受投诉和进行审裁。我国依赖各地社会工作协会对违反专业准则的社会工作者予以取消专业资格的处罚。

5. 社会工作服务机构的监管

英国把社会工作者个人和社会工作服务机构的监管，交由不同法定团体负责，主体责任十分清晰。我国分别以民办非营利社会组织的评级和项目第三方评估，对社会工作服务机构进行监管。

6. 社会工作服务执行者的法律保障

英国社会工作立法清楚地说明了社会工作者服务环境应有的条件保障。

7. 整合社会工作立法

英国社会工作立法在过去 20 年间不断整合，以《社会工作者条例 2018》和英国社会工作局的设立为标杆。我国只有地方立法，2007 年民政部进行了"社会工作条例"的起草，其后采取了分范围的立法方式，未有全面性的社会工作立法得到通过。

四 研究建议

参考上述研究结果，我国社会工作立法的目标可考虑涵盖管理机构、服务监管、准入资格、权利与义务等方面。具体而言，可以包括社会工作教育的提供与素质、社会工作服务机构的规范与管理、社会工作服务的监管、社会工作服务对象的权益与保障、社会工作者的权利与义务。

社会工作立法是社会工作职业化与法制化的需要。当前国内社会工作行业发展迅猛，但存在服务质量不佳、人员专业程度不够等问题。对于英国的经验，我们需要根据现实情况进行探索。具体建议如下。

（一）规范社会工作者的准入要求

英国社会工作立法重视保障服务使用者接受服务的权利、服务专业性及个人其他权利不受侵犯，为此英国立法规范社会工作者的专业性，对社会工作者的资格认证和行为规范均有严格要求。社会工作立法应规范社会工作者的准入要求，包括学历、经验、考核、胜任能力、专业伦理、行为道德以及持续进修等综合素养要求。目前国内社会工作者以国家统一考试作为获取证书及入职的要求，建议提高社会工作者的准入要求，明确要求社会工作者接受专业培训和持续教育。

（二）重视从业者权益保障

制度设计应重视人才培养，维护从业者合法权利，从而提高从业者社会认知水平和社会地位。应建立社会工作者职业化发展阶梯和薪酬制度，吸纳更多优秀人才加入行业队伍中。

（三）建立全面公平的监管制度

英国社会工作立法的重点是建立并完善监管机制，以保证服务的权利和社会工作者的专业性。当前国内社会工作者以及社会工作服务提供单位（包括政府部门、社会工作机构以及接受社会工作服务的相关单位，如医院和学校等）虽有接受项目评估，但不能保证服务的有效性和稳定性，而同类项目评估的标准，科学性和专业性也没有统一化。政府部门应充分了解当前国内社会工作服务存在的各种问题，研究制定有前瞻性的行业监管制度，弥补监管空白。具体而言，一方面，设立专门的监督部门，加强调研检查，对社会工作服务开展过程中出现的问题及时做出回应，高效促进问题的解决；另一方面，建立定期稽查机制，保证项目评估的标准化、专业化、科学化。

（四）社会工作立法的必要条件：综合性服务监督

目前我国相关法律分别界定了人才考试制度、服务机构注册的民非企业制度和服务机构向社会募捐的慈善法律制度，但缺乏整合。大多数社工机构依赖政府购买服务，但服务购买标准不一，机构又没有足够的慈善募捐资质，社工机构难以持续。因此，综合立法是破除壁垒的路径之一。

（五）社会工作立法的充分条件：整合社会管理

社会管理法律需要明确社会工作者的角色。国家近年的社会管理立法已开始注重说明社会工作者的任务和功能，如《反家庭暴力法》《精神卫生法》《未成年人保护法》等。但在医务、防止犯罪、反吸毒、家事调解、反校园暴力与欺凌、应急管理、建立正向文化、推动社会责任教育等众多领域的社会管理立法内容，还未加入社会工作者的责任相关内容。纵有社会工作者个人及机构的社会工作专业立法，如果没有社会管理立法的引入，社会工作还是没有足够的法律武器。沈春耀于2009年十一届全国人大常委会专题讲座第九讲中论述了《关于加强社会领域立法的若干问题》，可见社会领域立法已提上了人大议事日程。十一届全国人大常委会第六次会议闭幕会上吴邦国委员长指出，换届后将继续大力推进社会领域立法。其后，《精神卫生法》、《慈善法》（2016年生效）、《反家庭暴力法》（2016年生效）、《未成年人保护法》（2020年第二次修订，2021年实施）、《家庭教育促进法》（2022年生效），以及共7编1260条的《民法典》（2021年施行）逐步制定和实施。2023年2月，党的二十届二中全会审议通过的《党和国家机构改革方案》提出组建中央社会工作部，负责统筹指导人民信访工作，指导人民建议征集工作，统筹推进党建引领基层治理和基层政权建设，统一领导全国性行业协会商会党的工作，协调推动行业协会商会深化改革和转型发展，指导混合所有制企业、非公有制企业和新经济组织、新社会组织、新就业群体党建工作，指导社会工作人才队伍建设等，作为党中央职能部门。中央社会工作部的组建，标志着公共社会工作服务的萌芽。

为此，未来中国社会工作立法，应该坚持以下原则。第一，坚持党建引领、为人民服务、建立社会主义社会工作的原则。第二，以立法为依据，以政府为引领，以专业为支撑；采取综合立法的全面策略，厘定社工专业规范，社工服务与任务，志愿社会服务范围与机构管理，公共社会服务范围、人员与内容，社会公益慈善组织的社会事务参与和管理，社会服务与社工监管，公共财政对社会服务的支出与负担，以及社会领域立法中的社会工作者角色（见图1）。其中，全国乃至省市各级社会工作专业团体的角色、任务和财政支持必须进一步加以明确，以防止出现异化和偏差。

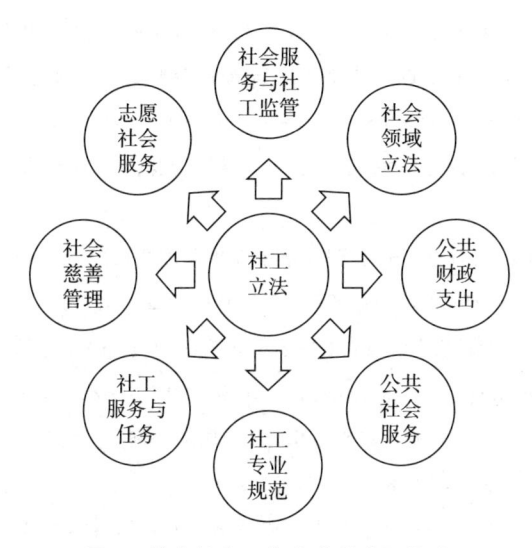

图1　综合社会工作立法的全面策略

五　结语

社会工作的持续发展需要法律保障，当前社会工作立法仍局限于地方，尚待全面及全国性立法。我国已进入迈向小康社会的新时期和新阶段，社会工作在乡村振兴、未成年人保护、困境儿童关怀、医疗与精神健康等领域全面铺开，立法刻不容缓。

当前我国社会工作法律体系的建设任重道远，必须立足当下，进行综合社会工作立法和整合社会管理立法，探索一条符合中国国情、符合新时代新要求的发展道路。

参考文献

雷杰、蔡天，2019，《国家、社会与市场的交织：英国社会工作专业化发展回顾》，《社会工作》第4期。

民政部，2012a，《民政部、财政部关于政府购买社会工作服务的指导意见》（民发〔2012〕196号），http://www.gov.cn/zwgk/2012-11/28/content_2276803.htm。

民政部，2012b，《民政部向社会发布〈社会工作者职业道德指引〉》，http://big5.www.gov.cn/gate/big5/www.gov.cn/gzdt/2013-01/08/content_2307399.htm。

民政部，2018，《民政部关于进一步加强和改进社会服务机构登记管理工作的实施意见》，http://www.gov.cn/xinwen/2018-10/30/content_5335788.htm。

曲玉波，2015，《社会工作立法的现状分析与路径选择》，《社会福利》（理论版）第1期。

深圳市民政局，2007，《社会工作者职业水平评价制度解读》，https://www.mca.gov.cn/article/gk/jd/shgzyzyfw/200712/20071215005158.shtml。

沈春耀，2009，《关于加强社会领域立法的若干问题》，十一届全国人大常委会专题讲座第九讲，http://www.npc.gov.cn/zgrdw/npc/xinwen/2009-04/24/content_1499768.htm。

中国社会工作联合会，2018，《〈广州市社会工作服务条例〉人大会议全票通过》，http://laws.swchina.org/policy/2018/0531/31531.shtml。

中国社会工作协会，2014，《社会工作十类服务领域的具体内容》，http://practice.swchina.org/manual/2014/0612/14967.shtml。

BASW. 2018a. "Untested Models: The Role of Private and Independent Providers in Social Work." https://new.basw.co.uk/policy-and-practice/resources/untested-models-role-private-and-independent-providers-social-work.

BASW. 2018b. "Professional Capabilities Framework (PCF)." https://www.basw.co.uk/professional-development/professional-capabilities-framework-pcf/the-pcf.

BASW. 2021. "PCF-Social Worker." https://www.basw.co.uk/professional-development/professional-capabilities-framework-pcf/the-pcf/social-worker。

Buehring, A., Cassell, C, Johnson, P., & Syman, G. 2004. "Benchmarking Good Practice in Qualitative Management Research." Project Report. NCRM.

Care Quality Commission. 2016. "Adult Social Care Services Key Lines of Enquiry and Prompts, Sources of Evidence, Form 20180530 9001095 ASC Assessment Framework with Sources of Evidence v400." https://www.cqc.org.uk/guidance-providers/adult-social-care/key-lines-enquiry-adult-social-care-services.

Health and Care Professions Council. 2016. *Standards of Proficiency-Social Workers in England*. Publication code: 20120521POLPUB.

Jones, D. N. 2012. "How We Can Protect Children More Effectively? Guardian." https://www.theguardian. com/social-care-network/2012/nov/21/protect-children-effectively-childrens-commission.

Jones, D. N. 2018. *Regulation of Social Work and Social Workers in the United Kingdom*. BASW.

Local Government Association. 2020. "The Standards for Employers of Social Workers in England 2020." https://www. local. gov. uk/our-support/workforce-and-hr-support/social-workers/standards-employers-social-workers-england – 2020.

Moriarty, J. 2011. "A Theory of Benchmarking." *Benchmarking An International Journal* 18 (4): 588 – 611.

Social Work England. 2023. "Social Work in England: State of the Nation 2023." https://www. socialworkengland. org. uk/about/publications/social-work-in-england-state-of-the-nation/#summary。

UK Legislation. 2018. *The Social Workers Regulations 2018*. https://www. legislation. gov. uk/uksi/2018/893/contents。

Worsley, A. , McLaughlin, K. G. , & Leigh, J. 2017. "A Subject of Concern: The Experiences of Social Workers Referred to the Health and Care Professions Council." *British Journal of Social Work* 47 (8): 2421 – 2437.

【社会工作相关议题研究】

社会工作专业本科生专业认同水平的调查*

——兼与社会工作专业专科生的比较

曾守锤　黄文斌**

摘　要　为了评估社会工作专业本科生对其所学专业的认同水平，采用有信效度保障的自编测量工具开展较大样本（$n=918$）的调查。结果表明，社工本科生的专业认同水平不高，这主要体现在三个方面：（1）社工本科生在专业认同总量表上的项目均分为3.49分，几乎等于五级量表评分3~4的中位数，未达到较高的水平（4分）；（2）项目均分高于4分的人数比例并不高，为19.83%；（3）社工本科生专业认同的水平显著低于社工专科生。社工本科生在专业认同不同维度上的表现存在一定的差异，其在情绪性认同上的得分最低，在行为性认同上的得分最高，而在认知性认同上的得分则介于二者之间。

关键词　专业认同　社会工作专业本科生　社会工作专业专科生

---

* 本研究得到2020年度上海市教育科学研究一般项目"社会工作专业本科生的专业认同研究"（C20138）的资助。

** 曾守锤，华东理工大学社会工作系教授，主要研究方向为社会工作教育、中国社会工作职业化；黄文斌，华东理工大学社会与公共管理学院社会工作（学）博士研究生，上海城建职业学院社会工作专业讲师，主要研究方向为社会工作教育、社会组织。

一 引言

近年来，我国社会工作本科专业（以下简称社工本科专业）获得了飞速的发展（李迎生等，2011），其规模在持续地扩大。据统计，全国共有348所高校设立了社工本科专业，每年培养社工本科专业毕业生近4万名（崔宝琛、彭华民，2019）。

人们期望，社工本科专业的快速发展可以成为助推我国社会工作职业化和专业化的一股重要力量，因为前者可以为后者提供数量庞大的专业人才。但现实情况是，接受过社会工作专业训练的本科生很少入职社工行业（王晓瑞，2002a，2002b；吴鹏森、王慧博，2013；曾守锤等，2014；Zeng et al.，2016，2021）。

围绕社工本科生不（想）做社工的原因，研究者开展了大量的研究（曾守锤等，2014）。这些研究提出了一个相似的观点：社工本科生的专业认同水平低可能是导致他们不（想）做社工的重要原因。[①] 根据这一观点，我们可以提出一个预测，那就是，社工本科生的专业认同水平比较低。因为只有出现社工本科生专业认同的总体水平比较低这一情况，才能解释社工本科专业毕业生"大面积"不做社工的事实。但文献检索的结果表明，关于社工本科生专业认同水平是高还是低，不同的研究得出了非常不同的结果或结论。

一些研究发现，社工本科生的专业认同水平是低的（陈清丹，2005；李国珍等，2008；李庆开，2015；张冰，2012；张婷婷，2012），但具体低到怎样的程度，各研究所获得的结果尚存在一些差异：尽管有研究发现，社工本科生的专业认同水平"偏低"（陈清丹，2005）或"较低"、"比较低"（李国珍等，2008；李庆开，2015），但也有研究发现，社工本科生的专业认同处于"低下"（谢海波，2012）或"严重偏低"、"堪忧"的水平

[①] 需要指出的是，本文作者认为二者是一种双向（而不是单向）的影响关系，即社工本科生的专业认同水平低可能是导致其不（想）做社工的原因，但与此同时，社工本科生不（想）做社工也会导致他们对专业的不认同。详见后文"讨论"部分的相关内容。

(张婷婷，2012）。

另一些研究则发现，社工本科生的专业认同水平并不低。具体而言，廖正涛（2013）、李涛和王奇娜（2014）、邱幼云和何欣宜（2018）以及易松国（2019）的研究均发现，社工本科生的专业认同处于"中等略偏上""中等偏高"的水平；而林诚彦等（2013）的研究更是发现，总体上看，社工本科生的专业认同水平"相对较高"。

那么，是什么因素导致不同研究结果存在如此大的差异呢？

我们认为，从方法论的角度来看，这可能主要是由两个问题导致的：一是各研究者采用了不同的概念/定义及其带来的测量上的差异；二是取样的问题。

一是专业认同的概念界定及其测量差异。我们认为，从本质上说，所谓对社工本科生专业认同水平的研究，其实就是如何对专业认同进行测量或评估的问题。一般来说，研究者希望测量工具（专业认同的调查问卷或量表）是有信度和效度保障的。这当然需要开展大量的基础性研究工作（主要是评估和改进测量工具的信度和效度的一系列措施），但首先是概念界定的问题。如果不同的研究者采用了不同的概念来指称"专业认同"，那么，研究结果出现矛盾似乎是必然的。尽管并不是所有的研究都报告了其所用的专业认同的概念/定义，但根据作者报告的测量工具所包含的测量维度和研究结果，我们依然可以判断这些研究是否采用了相同的概念/定义。比如，我们发现，吴建平（2012）、张冰（2012）、李庆开（2015）、刘青（2016）、刘青等（2016）、邱幼云和何欣宜（2018）以及易松国（2019）将从业意愿包含在专业认同的概念内涵中，而另一些研究则把从业意愿看作与专业认同完全不同或独立的另一个概念/变量（林诚彦等，2013）。这种概念使用上的差异必将导致研究结果出现矛盾。基于以上分析，我们认为，要解决该研究领域所出现的研究结果相互矛盾的问题，首先就是要准确理解"认同"和"专业认同"的概念内涵（曾华源，1993：20~33），通过对该概念进行精细的操作化，才能开发出一种可信、有效的测量工具。关于测量的科学性问题，一般而言，相对于一道测题的测量工具，包含多道测题的测量工具往往是更为科学的，因为后者的信度和效度更有保证。很显然，不同研究者采用的测量工具所包含的测题数的差异（一道测题 vs.

多道测题），也可能是研究结果出现矛盾的重要原因。比如，李国珍等（2008）仅仅基于"如果再有一次重新选择专业的机会，你是否会再次选择社会工作专业"一道测题的研究结果，就得出"社会工作专业的学生总体上对本专业的认同感比较低"的结论。同样，陈清丹（2005）也仅仅依据"有将近27%的同学对社会工作专业没有感觉"以及"有较高比例的学生从业意愿低"，就得出社工本科生对社会工作专业"整体认同度偏低"的结论。而廖正涛（2013）、林诚彦等（2013）、李涛和王奇娜（2014）以及易松国（2019）则采用多道测题进行测量，并得出了不同的研究结论——社工本科生的专业认同水平并不低。

二是取样的问题。在现有的关于社工本科生专业认同水平的调查中，有些研究仅仅依据一所高校的数据就试图得出总体的结论（李庆开，2015；李涛、王奇娜，2014；刘青，2016；刘青等，2016；周秋洁，2018；张冰，2012；张干群等，2016；张婷婷，2012），这在方法论上是有缺陷的。举两个极端对比的例子：虽然同样都是采用多维度测量工具来开展研究，但张冰（2012）以 M 高校社工本科生为研究对象的调查发现，社会工作专业学生在专业认同上整体水平不高，而李涛和王奇娜（2014）在 Z 大学的调查发现，社会工作专业学生的专业认同处于中等偏高的水平。

基于以上分析，我们认为，只有采用信效度更有保障的多测题测量工具，并基于较大样本的问卷调查，才能更好地回答社工本科生的专业认同水平是高还是低的问题。为此，本研究尝试在厘清"认同"和"专业认同"的概念性定义的基础上，通过开发出信度和效度有保障的测量工具，并尝试通过较大样本的调查，来评估社工本科生的专业认同水平。

二 研究方法

（一）研究对象

研究对象为上海市开设社会工作专业院校的社工专业的918名学生，为方便取样样本。这些学生来自7所本科院校（华东理工大学、上海师范大学、复旦大学、华东师范大学、华东政法大学、上海大学、上海海洋大学）

和 2 所专科学校（上海工会管理职业学院、上海科学技术职业学院）。

出于比较的需要，我们除了分别介绍社工本科生（$n=646$）和专科生（$n=272$）的基本情况外，还对这两个群体的相关特征进行差异的显著性检验。

结果表明，在性别特征上，本科生（$\chi^2=172.69$，$p<0.001$）和专科生（$\chi^2=52.94$，$p<0.001$）的男生比例（24.15% vs. 27.94%）均显著低于女生（75.85% vs. 72.06%），且性别与调查对象的学历水平关联不显著（$p>0.05$）。

在年级特征上，本科生一至四年级的人数和占比分别为 154 人（23.84%）、161 人（24.92%）、163 人（25.23%）和 168 人（26.01%），分布均匀（$\chi^2=0.63$，$p>0.05$）；专科生各年级学生人数的占比也分布均匀（$\chi^2=0.14$，$p>0.05$）。为了将本科生与专科生进行比较，将本科生的二、三年级合并为中年级，由此导致本科生的高（大四）、中、低（大一）年级的人数分布不均匀（$\chi^2=82.71$，$p<0.001$）。年级与调查对象的学历水平的交叉列表分析显示，二者关联显著（$\chi^2=86.86$，$p<0.001$），表明本科生的高、中、低年级学生比例分布与专科生的分布存在显著差异。从直观的数据可以看出，应该是社工本科生中年级的人数比例显著高于社工专科生中年级（仅包含二年级一个年级）的人数比例。

在民族特征上，本科生（$\chi^2=364.69$，$p<0.001$）和专科生（$\chi^2=235.20$，$p<0.001$）的汉族学生比例（87.60% vs. 96.67%），均显著高于其他民族学生比例（12.40% vs. 3.33%），且民族与调查对象的学历水平关联显著（$\chi^2=17.83$，$p<0.001$）。

在户籍所在地特征上，本科生（$\chi^2=53.06$，$p<0.001$）和专科生（$\chi^2=110.39$，$p<0.001$）的上海户籍学生与非上海户籍学生的比例均分布不均匀，且户籍所在地与学历水平关联显著（$\chi^2=163.30$，$p<0.001$），表明本科生的上海户籍学生与非上海户籍学生的比例分布与专科生的分布存在显著差异。

在上大学之前的户口特征上，本科生（$\chi^2=87.63$，$p<0.001$）和专科生（$\chi^2=53.04$，$p<0.001$）的农村户口学生比例（31.51% vs. 27.72%），均显著低于城镇户口学生比例（68.49% vs. 72.28%），且上大学之前的户

口与调查对象的学历水平关联不显著（$p > 0.05$）。

在录取方式特征上，本科生（$\chi^2 = 5.97$，$p < 0.05$）和专科生（$\chi^2 = 103.68$，$p < 0.001$）录取方式比例均分布不均匀；录取方式与学历水平的交叉列表分析显示，二者关联显著（$\chi^2 = 98.88$，$p < 0.001$），表明本科生的录取方式学生比例分布与专科生的分布存在显著差异。

在母亲的受教育程度特征上，本科生（$\chi^2 = 64.51$，$p < 0.001$）和专科生（$\chi^2 = 130.87$，$p < 0.001$）母亲的受教育程度比例均分布不均匀；母亲的受教育程度与学历水平的交叉列表分析显示，二者关联显著（$\chi^2 = 31.02$，$p < 0.001$），表明本科生的母亲的受教育程度学生比例分布与专科生的分布存在显著差异。

在父亲的受教育程度特征上，本科生（$\chi^2 = 120.16$，$p < 0.001$）和专科生（$\chi^2 = 113.77$，$p < 0.001$）父亲的受教育程度比例均分布不均匀；父亲的受教育程度与学历水平的交叉列表分析显示，二者关联显著（$\chi^2 = 35.73$，$p < 0.001$），表明本科生的父亲的受教育程度学生比例分布与专科生的分布存在显著差异。具体结果如表1所示。

表1 样本基本特征的描述统计

变量		本科生	χ_1^2	专科生	χ_2^2	χ_3^2
性别	男	156 (24.15)	172.69***	76 (27.94)	52.94***	1.46
	女	490 (75.85)		196 (72.06)		
年级	低年级	154 (23.84)	82.71***	91 (33.46)	0.14	86.86***
	中年级	324 (50.15)		93 (34.19)		
	高年级	168 (26.01)		88 (32.35)		
民族	汉族	565 (87.60)	364.69***	261 (96.67)	235.20***	17.83***
	其他民族	80 (12.40)		9 (3.33)		
户籍所在地	非上海	415 (64.34)	53.06***	48 (17.91)	110.39***	163.30***
	上海	230 (35.66)		220 (82.09)		
上大学之前的户口	农村户口	202 (31.51)	87.63***	74 (27.72)	53.04***	1.29
	城镇户口	439 (68.49)		193 (72.28)		

续表

变量		学历				
		本科生	χ_1^2	专科生	χ_2^2	χ_3^2
录取方式	被调剂的	353 (54.81)	5.97*	51 (18.96)	103.68***	98.88***
	自己填报的	291 (45.19)		218 (81.04)		
母亲的受教育程度	小学及以下	88 (13.62)	64.51***	25 (9.19)	130.87***	31.02***
	初中	157 (24.30)		91 (33.46)		
	高中或中专	195 (30.19)		109 (40.07)		
	大专	94 (14.55)		27 (9.93)		
	本科及以上	112 (17.34)		20 (7.35)		
父亲的受教育程度	小学及以下	46 (7.13)	120.16***	13 (4.78)	113.77***	35.73***
	初中	152 (23.57)		78 (28.68)		
	高中或中专	210 (32.56)		106 (38.97)		
	大专	93 (14.42)		56 (20.59)		
	本科及以上	144 (22.33)		19 (6.99)		

注：* $p<0.05$，*** $p<0.001$；χ_1^2 指的是本科生分布的差异显著性检验，χ_2^2 指的是专科生分布的差异显著性检验，χ_3^2 指的是本科生与专科生差异的显著性检验；括号外数字为人数（人），括号内数字为占比（%）。

（二）研究工具

本研究采用自编的社工本科生专业认同量表对学生的专业认同水平进行测量。在这里，我们对该测量工具的开发做一个简短的介绍。很显然，这一简短介绍也是对前文所提出的本研究尝试对"认同"和"专业认同"两个概念的定义进行厘清的一种努力。

考虑到"认同"在现代汉语中指的是承认、认可的意思（中国社会科学院语言研究所词典编辑室，2013：1096），我们认为，它主要指的是作为主体的个体对外在对象（如组织、专业等）在认知上的认可和承认，在情感上表现出的积极的接纳性情绪/情感，以及在行为上所表现出的与这种积极的认知和情感相一致的稳定的行为模式或行为倾向。

在西方，与"专业认同"中的"认同"概念相对应的是 commitment，在学界也被翻译为"承诺"。很显然，"专业认同"中的"认同"概念不应被理解为"自我认同"和"社会认同"中的"认同"（identification），因为后两者主要涉及的是自我概念（self-concept），它主要与性别（性别认同）、种族（种族认同）、社会阶层（社会阶层认同）等发生联系。

西方学者对"承诺"这一概念的理解主要有两种（曾华源，1993：20~24）：一是将承诺视为由外在力量控制，以确保个体的行为或活动的一致性，即个体并非因为态度信念的一致性，其只是为了获得或维持某种奖赏而表现出对某种行为的持续的承诺，如组织承诺、留职等，因此，承诺本质上并非喜欢（love to；want to），而是不得不（have to）；二是将承诺视为心理依附（psychological attachment），即承诺是个体的行为表现要符合个体原来的认同，或者是要与原来的认同一致。

在我们看来，在涉及"专业"的"认同"概念时，它应该被理解为一种内在的态度性质的心理状态，应该被视为与"喜欢"比较接近的一种心理依附，而不是一种因为害怕失去外部的奖赏而表现出的不得不的心理状态。基于以上分析，我们认为，"专业认同"中的"认同"指的是一种心理依附，一种类似于个体态度的心理状态。据此，我们将"专业认同"理解为学习者对所学专业的积极态度这样一种心理依附。它是学习者对所学专业表现出的发自内心的喜欢。很显然，这种喜欢在本质上是一种积极的倾向性态度。

基于以上分析，本研究将专业认同界定为学习者对所学专业的接纳和认可，这是一种（积极的）态度。具体到社会工作这个专业而言，社工本科生的专业认同指的是，社工本科生对社会工作专业的积极接纳和认可的态度。

根据态度的 ABC 理论，社工本科生的专业认同应包含三个要素：认知、情绪/情感和行为倾向（迈尔斯，2016：120）。为此，我们将社工本科生专业认同概念的测量操作化为认知性认同、情绪性认同和行为性认同三个维度共19道测题。该量表采用李克特五点量表的方式进行测量，选项为"1＝非常赞同""2＝比较赞同""3＝不确定""4＝不太赞同""5＝很不赞同"。在对得分的方向进行一致性转置后，得分越高表示专业认同程度越高。

在探索性因子分析中，对19道测题的测量数据进行 Bartlett's 球形检验和 KMO 检验。结果发现，KMO 值为 0.93，Bartlett's 球形检验 χ^2 值为

3532.91（$df=171$，$p<0.001$），说明适合做因子分析。为此，采用主成分分析和方差最大化的正交旋转进行因子抽取，共抽取3个特征根大于1的因子，累计方差贡献率为57.21%。其中，认知性认同因子11题，情绪性认同因子3题，行为性认同因子5题。验证性因子分析的结果表明，该量表的效度尚可（模型的χ^2/df值为2.24，RMSEA值为0.059，NFI值为0.92，RFI值为0.90，CFI值为0.95，IFI值为0.95，TLI值为0.94）。此外，认知性认同、情绪性认同和行为性认同三个分量表的内部一致性信度分别为0.91、0.81和0.63，整份量表的内部一致性信度为0.92，表明该问卷信度非常可靠。

（三）数据统计和分析

采用SPSS 26.0软件对数据进行统计分析。

在数据分析的策略上，由于目前我国尚缺少社工本科生专业认同水平的常模，因此，我们很难获得"多少社工本科生对专业认同或不认同"的答案。为此，本研究尝试采取如下两个策略来间接地解决这一问题。

首先，我们尝试将社工本科生在量表上的得分转换为项目均分。也就是说，我们将研究对象的总得分除以其项目/测题数，以此获得每位研究对象在量表上的项目均分。通过将该均分与五等级评分的中位数（3）进行比较，就可以判断社工本科生专业认同总体水平的高低。此外，通过将每个研究对象的项目均分与五等级评分的3分（专业认同的中等水平）和4分（专业认同的较高水平）进行比较，也可以计算出专业认同水平较低（项目均分<3分）、中等（3≤项目均分<4分）和较高（项目均分≥4分）的社工本科生的具体比例，进而从总体上判断有多大比例的社工本科生对专业是认同的（项目均分≥4分）或不认同的（项目均分<3分）。

其次，通过探索性地比较社工本科生与社工专科生在专业认同水平上是否存在显著差异，来更精细地对社工本科生的专业认同水平进行描画或描述。

三 研究结果

(一) 社工本科生的专业认同水平

首先,社工本科生专业认同的项目均分。描述性统计结果表明,社工本科生在专业认同总量表上的项目均分为 3.49 分,几乎等于五等级量表评分 3~4 的中位数,表明社工本科生的专业认同水平虽然超过了中等水平 (3 分),但还没有达到较高的水平 (4 分)。再来看社工本科生在各分量表上的项目均分:社工本科生在情绪性认同上的得分最低 (3.12),非常接近五等级量表评分的中位数 3;社工本科生在认知性认同 (3.55) 和行为性认同 (3.60) 上的得分非常接近五等级量表评分 3~4 的中位数。因此,从社工本科生在各分量表上的项目均分来看,他们在行为性认同上的得分最高,在情绪性认同上的得分最低,而认知性认同上的得分介于二者之间。具体数据如图 1 所示。

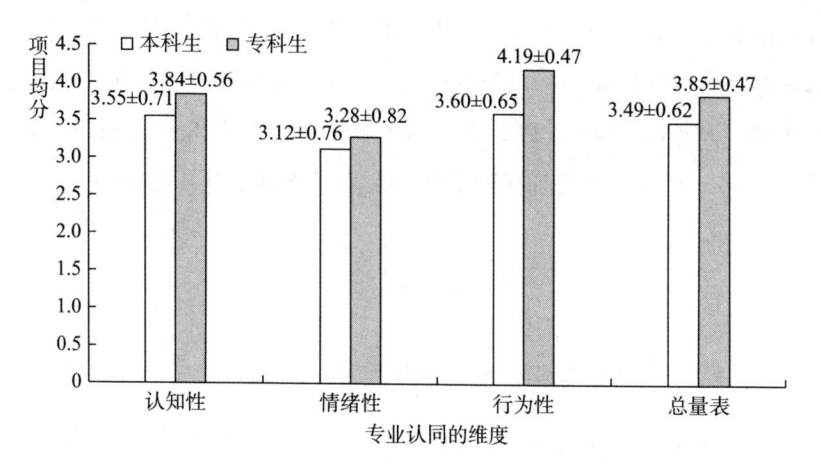

图 1 社工本科生与专科生专业认同水平的比较

其次,社工本科生在项目均分得分各区间的比例。描述性统计结果表明,在有效样本 ($n = 469$) 中,社工本科生在总量表上的项目均分低于 3 分 (<3 分)、3~4 分 (3≤项目均分<4 分),以及 4~5 分 (≥4 分) 的人

数和比例分别为88人/18.76%、288人/61.41%和93人/19.83%。换言之，虽然在总量表上项目均分高于3分的社工本科生占比为81.24%，远高于项目均分低于3分（<3分）的人数比例（18.76%），但项目均分在4~5分（≥4分）的比例并不高，仅为19.83%。

（二）社工本科生与社工专科生专业认同水平的比较

关于社工专科生专业认同得分的描述性统计如图1所示。可以看出，社工专科生在专业认同各分量表上的得分以及总得分均高于社工本科生。

为了检验以上差异是否具有统计学意义，进行单因素多元方差分析。结果发现，社工专科生的认知性认同、情绪性认同、行为性认同，以及专业认同总得分均显著高于社工本科生 $[F(3, 732) = 63.43, p < 0.001]$，表明社工本科生在上述四个指标（多变量）上的得分显著低于社工专科生。

为进一步检验社工本科生与社工专科生在以上四个单独指标（独立变量）上是否存在显著差异，分别以认知性认同、情绪性认同、行为性认同和专业认同总得分为因变量，以学历水平为分组变量，进行单因素方差分析（One-Way ANOVA）。结果表明，社工专科生在认知性认同 $[F(1, 734) = 34.65, p < 0.001]$、情绪性认同 $[F(1, 734) = 7.52, p < 0.01]$、行为性认同 $[F(1, 734) = 173.62, p < 0.001]$ 和专业认同总得分 $[F(1, 734) = 66.31, p < 0.001]$ 四个独立指标上均显著高于社工本科生。

四　讨论

（一）社工本科生专业认同的总体水平

本研究基于专业认同（总分的）项目均分的研究结果表明，社工本科生的专业认同总体水平并不高（3.49±0.62）。这一研究结果与国内已有的基于专业认同多项目测量的研究结果是一致的（李涛、王奇娜，2014；廖正涛，2013；林诚彦等，2013；邱幼云、何欣宜，2018；易松国，2019），而与专业认同单项目测量的研究结果并不一致（李国珍等，2008；李庆开，2015；吴建平，2012；张冰，2012；张婷婷，2012）。比如，林诚彦等

(2013)和邱幼云、何欣宜(2018)的研究均发现，社工本科生专业认同水平为3.50；李涛和王奇娜(2014)的研究也发现，社工本科生的专业认同水平略高于3分的中等水平（$M=2.79$，反向计分）。

本研究基于专业认同（总分的）项目均分得分区间分布比例的统计结果显示，达到4分及以上的社工本科生的比例并不高（19.83%），表明对专业认同的社工本科生并不多。这似乎与国内已有的基于专业认同单项目测量的研究结果是一致的（陈清丹，2005；李国珍等，2008；吴建平，2012）。比如，陈清丹（2005，$n=100$）的研究发现，近27%的社工本科生对该专业没感觉；李国珍等（2008，$n=264$）的研究也发现，仅有18.9%的社工本科生表示会再次选择社会工作专业，高达54.5%的社工本科生表示不会再选择该专业。

那么，为什么社工本科生的专业认同水平不高呢？我们认为，其中的原因可能主要有以下三个。

（1）社会工作的学科/专业特点与我国高校当前的功能定位和文化存在一定的冲突。从高校的功能定位和文化来看，大学（本科院校）主要强调的是学术训练、理论学习和科技创新。而作为一个学科/专业的社会工作，它是一门强调实务（practice）或做（do）的学科。它主要关注的是，如何帮助有需要的个体、家庭和社区，如何促进社会的公平和正义（弗雷泽等，2018：1~8）。同时，中国的社会工作教育与美国类似，其目标都在于为培养技能娴熟的社会工作专业人才做准备（Council on Social Work Education，2008，转引自Yu et al.，2016），也都强调"以能力为本"的教育（Council on Social Work Education，2015），这就要求进入该专业的本科生花费大量的时间参加社会服务实践，以提升专业实务技能。这种专业定位及其教育教学实践与高校的整体文化并不匹配，由此导致社会工作本科教育的价值取向与大学的价值取向产生较大的冲突，也可能导致社会工作专业在本科教育中的定位比较模糊，并导致社会工作的教育目标、课程与知识的定位的不确定性（马震越、周绍宾，2006），最终可能会导致社工本科生对自己所学专业产生价值上的怀疑甚或否定，由此降低其专业认同。

（2）专业调剂招生。在本研究中，通过专业调剂进入社会工作专业的本科生占比为54.81%。这些因为服从专业调剂而进入社会工作专业的学生，本来就不是冲着这个专业来的，因此，他们难以接受或认同这个专业似乎就不是一件奇怪的事情（闭伟宁等，2013；胡莹，2019；林诚彦等，2013；刘青，2016；刘毅，2012；路幸福、杜凤，2013；邱幼云、何欣宜，2018；张婷婷，2012；周晓焱、李精华，2009）。很显然，对任何一个专业而言，高比例的专业调剂生的存在会拉低该专业的学生对该专业的认同水平。考虑到社会工作学科的价值追求（详见前文），专业调剂招生对社工本科生专业认同的影响可能更为深远。众所周知，"社会工作是一个以价值为本的专业。它不仅是做事情的一种方式，而且是关于做什么事情是有价值的和它应该如何去做的准则。对于人们它充盈着理想主义的抱负和关于人们应该如何被对待的理想主义的理念……对普通凡人不能期待的实践和关照却都可以期待于他们（社会工作者）"（Charles & Levy，1976，转引自林雪丽，2004）。因此，期望专业调剂生对这样一种有着崇高价值追求和使命感的专业产生认同，将变得更具挑战性。

（3）社工本科生不想做社工。如前所述，社工本科教育强调的是"以能力为本"的教育，试图使学生为做社工而做准备。但如果这个专业的学生不想做社工，那或许就注定了他们对自己所学的专业及其教育教学内容缺乏认同。大量的实证调查发现，绝大多数社工本科毕业生选择的职业与社会工作无关（王晓瑞，2002a，2002b；余冲、李立文，2006；栾文敬等，2013；吴鹏森、王慧博，2013；常魏、茅馨丹，2009；付敏红、巫振鹏，2010；谷凤艳，2011；麦可思研究院，2011）。根据意愿先于行动的理论模型，可以认为，正是（绝）大部分社工本科生不想做社工，影响（降低）了其对专业的认同。国内现有的实证研究也为这一解释提供了某些支持性证据（邱幼云、何欣宜，2018；胡莹，2019）。比如，有学者的访谈研究发现，虽然学生普遍认可社会工作职业对社会的贡献，但他们对社会工作职业的工资、社会地位等并不看好，这"极大（地）影响了学生的学习热情和专业认同（感）"（邱幼云、何欣宜，2018：29）。再如，胡莹（2019）的访谈研究也发现，由于在实习中发现社工行业的薪水低、职业声望低、社会认同度低、专业化程度不高等社会事实，社工本科生对此感到有心无力，从而陷入专业认同与社会认同的矛盾之中。总之，这个问题背后更深层次的原因或许在于中国社会工作职业或行业的特点。在社会工作行业中，大量的民办社会工作机构的薪资待遇普遍较低，且薪资体系、社会福利体系不完善，职业发展空间不明朗，缺少基本的社会保障（卢磊，2014），这可能是导致社工本科生不想做社工并由此不认同这个专业的深层次原因。

最后，关于社工本科生专业认同各维度上的水平差异，本研究发现，社工本科生在情绪性认同上的得分最低，在行为性认同上的得分最高，而认知性认同上的得分介于二者之间。这一研究结果与林诚彦等（2013）以及李涛和王奇娜（2014）的研究结果不一致，但与易松国（2019）的研究结果一致。林诚彦等（2013）、李涛和王奇娜（2014）的研究均发现，社工本科生在认知性认同上得分最高，情绪性认同的得分次之，行为性认同的得分最低。测量工具的不同可能是导致这一差异的重要原因。就本研究的结果而言，我们认为，社工本科生在情绪性认同上的得分之所以最低，可能是因为情绪是一种真实态度的表达，当一个学生对自己所学的专业不认同时，可能会引发其对专业的消极情绪。而行为性认同的得分之所以最高，可能是因为努力学习掺杂了很多工具性价值或功利性的考虑，因为努力学习所带来的高学业绩点可能会为学生赢得他人的尊重、奖学金以及各种评优和优先发展的机会。

（二）社工本科生与社工专科生的专业认同水平的差异

本研究的结果表明，社工本科生在专业认同各分量表上的得分以及总得分均低于社工专科生。这一研究结果与易松国（2019）的研究结果是一致的。易松国（2019）的研究发现，社工专科生的专业认同水平显著高于社工本科生。考虑到该研究中专科生的样本量（$n=30$）比较小这一实际情况，我们认为，本研究中由于专科生的样本量较大（$n=272$），因此，本研究的结果更稳健。此外，结合社工本科生专业认同总分的项目均分的描述性统计结果（3.49±0.62），我们认为，这一研究结果也从另一个侧面再次表明，社工本科生的专业认同水平并不高。

社工本科生的专业认同水平之所以显著低于专科生，其中的原因可能在于以下几个方面。第一，社工本科生的专业调剂率显著高于社工专科生。在本研究中，社工专科生的专业调剂率为18.96%，远低于社工本科生54.81%的专业调剂率。第二，大学（本科院校）与专科学校（高职）在功能定位和文化上的差异。与大学（本科院校）强调学术训练、理论学习和科技创新不同的是，高等职业技术教育（高职）的功能定位和学校文化更偏向于对学生进行技能实践的训练，培养的是有较强动手能力的毕业生。具体到社会工作的高职高专教育而言，它承担着为社会培养服务、技术和管理第一线应用型人才的重要任务，它在培养社工专业学生时遵循"社会需要什么，我们就提供什么"的思路（袁荣珊，2014），这也是高职教育区别于其他教育模式最本质的地方。这一教育有三个特点：一是以社会需求为本；二是培养一线人才，学生在毕业后基本就能上岗，无明显过渡期；三是全面提高学生素质，培养其敬业精神（林霞，1999）。因此，社会工作这个强调做和实践的专业更好地契合了专科学校（高职）的文化，同时也在高职教育系统中获得了更适合自己发展的土壤。我们认为，在这样的学校文化中，社会工作专业的学生更容易产生对专业的认同。第三，社工专科生的从业意愿强于社工本科生。社工专科毕业生由于学历层次较低，在劳动力市场上的竞争力不具备什么优势，这导致他们从事其他行业的难度要高于社工本科毕业生。因此，如果他们留在社工行业，其就业或许还具备一定的专业优势。同时，由于社工专科毕业生的学历层次较低，这可能使他们的职业期望也相应地更低一些，（比社工本科毕业生）更能接受进入社工行业这一事实——尽管他们也知道社工这个职业/行业具有二级/次级劳动力市场的显著特征（黄艳等，2013；吕康银，2016：10），如工资水平低、工作条件差、缺乏升迁机会、就业不稳定等（曾守锤等，2019）。张健萍（2019）的研究确实发现，社工专科生进入社工机构的比例显著高于社工本科生（19.5% vs. 3.9%）。根据上文关于从业意愿影响专业认同的分析，我们认为，社工专科生的从业意愿（做社工的意愿）强于社工本科生是导致其专业认同显著高于社工本科生的一个非常重要的原因。

五 研究结论

本研究基于项目均分和百分数的分析结果表明，社工本科生的专业认同水平不高；在专业认同的不同维度上，社工本科生在情绪性认同上的得分最低，在行为性认同上的得分最高，在认知性认同上的得分介于二者之间。此外，社工本科生在专业认同三个维度上的得分及总得分均显著低于社工专科生，这再次表明，社工本科生的专业认同水平不高。

参考文献

闭伟宁、刘蕃、刘惠婷，2013，《浅谈社会工作本科学生专业认同问题》，《广西教育》第 27 期。

常魏、茅馨丹，2009，《社会工作毕业生就业状况调查报告——以 N 学院社工系毕业生为例》，《社会工作下半月》（理论）第 5 期。

陈清丹，2005，《社会工作专业学生对专业认同的调查——对北京地区三所高校的调查研究》，《中华女子学院学报》第 S1 期。

崔宝琛、彭华民，2019，《社会工作专业学生"管道泄漏"——职业选择多元化的现象透视、逻辑溯源与调试路径》，《社会工作》第 3 期。

戴维·迈尔斯，2016，《社会心理学》，侯玉波、乐国安、张智勇译，北京：人民邮电出版社。

付敏红、巫振鹏，2010，《社会工作专业毕业生的就业困境及应对策略——以广西某高校为例》，《社会工作》（下半月）第 9 期。

谷凤艳，2011，《关于促进社会工作专业毕业生充分就业的思考》，《文教资料》第 31 期。

胡莹，2019，《社会工作学生专业认同发展历程与影响因素研究》，《当代教育实践与教学研究》第 6 期。

黄艳、田辉玉、王建农，2013，《高校毕业生就业流向与趋势研究——基于城市二元劳动力市场的视角》，《教育发展研究》第 9 期。

李国珍、徐乃斌、雷明珠，2008，《社会工作专业学生对本专业认同感的状况调查——以武汉市为例》，《社会工作下半月》（理论）第 2 期。

李庆开，2015，《社会工作专业认同现状及影响因素分析——以 A 校为例》，《经济与社会发展研究》第 2 期。

李涛、王奇娜，2014，《社会工作专业认同调查研究——以国内 Z 大学为例》，《青年与社会》第 8 期。

李迎生、韩文瑞、黄建忠，2011，《中国社会工作教育的发展》，《社会科学》第 5 期。

廖正涛，2013，《社会工作专业认同感及其影响因素研究——以四川地区高校为例》，《西南民族大学学报》（人文社会科学版）第 11 期。

林诚彦、张兴杰、曾细花,2013,《专业认同影响从业意愿路径的实证分析——以社会工作专业为例》,《高教探索》第3期。

林霞,1999,《高职层次社会工作专业教育办学理论及模式初探》,载《1999年社会工作教育专刊-中国社会工作教育协会第二届年会暨"面向21世纪的中国社会工作教育"学术研讨会论文集》。

林雪丽,2004,《我国社会工作价值教育存在的问题》,《烟台师范学院学报》(哲学社会科学版)第3期。

刘青,2016,《社会工作专业本科生专业认同现状及对策分析——基于山东某高校的调查》,《山东青年》第2期。

刘青、赵秀丽、刘霞,2016,《社会工作专业认同状况的实证研究——基于山东省青岛市高校本科生的问卷调查》,《社会福利》(理论版)第6期。

刘毅,2012,《社会工作专业学生对本专业认同感缺乏的原因探究——以浙江师范大学为例》,《金田》第3期。

卢磊,2014,《机遇与挑战并存:民办社会工作机构的发展迷思》,《中国发展简报》第1期。

路幸福、杜凤,2013,《高校社会工作学生专业认同的困惑与对策》,《宜宾学院学报》第4期。

吕康银,2016,《劳动力市场分割的实证研究》,北京:科学出版社。

栾文敬、刘长青、付双乐,2013,《社会工作专业本科毕业生的就业去向及原因探析——以保定市X大学社会工作专业为例》,《社会工作》第4期。

马克·W. 弗雷泽、杰克·M. 里奇曼、梅达·J. 加林斯基、史蒂文·H. 戴,2018,《干预研究:如何开发社会项目》,安秋玲译,上海:上海教育出版社。

马震越、周绍宾,2006,《社会工作专业教育的若干问题研究》,《西南农业大学学报》(社会科学版)第1期。

麦可思研究院,2011,《就业蓝皮书:2011年中国大学生就业报告》,北京:社会科学文献出版社。

邱幼云、何欣宜,2018,《高校社工专业学生的专业认同状况研究》,《中国社会工作》第25期。

王晓瑞,2002a,《上海高校社会工作专业毕业生就业情况的调查》,《社会福利》第8期。

王晓瑞,2002b,《上海市高校社工专业毕业生就业情况调查分析及对策建议》,《华东理工大学学报》(社会科学版)第1期。

吴建平，2012，《从本科生的专业认同看我国社会工作专业的发展》，《中国社会工作》第 5 期。

吴鹏森、王慧博，2013，《社会工作专业毕业生的就业状况及问题分析——以上海 S 高校为例》，《上海政法学院学报》（法治论丛）第 6 期。

谢海波，2012，《社会工作学生专业认同状况及影响因素分析——以哈尔滨市高校为例》，《青年与社会》第 4 期。

易松国，2019，《社会工作认同：一个专业教育需要正视的问题》，《学海》第 1 期。

余冲、李立文，2006，《江西省首届社会工作毕业生就业状况调查》，《社会工作》第 11 期。

袁荣珊，2014，《高职院校社会工作专业课程设置的反思》，《教育教学论坛》第 30 期。

曾华源，1993，《社会工作专业教育研究》，台北：五南图书出版公司。

曾守锤、李筱、何雪松、陈魏，2019，《中国社工的离职倾向及其影响因素研究》，《重庆工商大学学报》（社会科学版）第 4 期。

曾守锤、黄锐、李筱，2014，《社会工作本科毕业生就业问题研究：一个批判性回顾》，《华东理工大学学报》（社会科学版）第 6 期。

张冰，2012，《社会工作专业学生的专业认同研究——以 M 校为例》，《教育理论研究》第 20 期。

张干群、李明明、赵金静，2016，《大学生学习动机、专业认同与学业成绩的关系研究——以社会工作专业为例》，《统计与管理》第 12 期。

张健萍，2019，《社工本科毕业生就业的专业对口率研究——以上海市为例》，硕士学位论文，华东理工大学。

张婷婷，2012，《社会工作新生专业认同现状及分析——以 J 大社会工作专业 2011 级新生为例》，《商品与质量》第 3 期。

中国社会科学院语言研究所词典编辑室，2013，《现代汉语词典》（第 6 版），北京：商务印书馆。

周秋洁，2018，《社会工作学生专业认同感研究——以 N 市 S 大学为例》，《智库时代》第 23 期。

周晓焱、李精华，2009，《关于我国社会工作专业价值观教育困境的思考》，《吉林师范大学学报》（人文社会科学版）第 5 期。

Council on Social Work Education. 2015. "Educational Policy and Accreditation Standard." http://www.cswe.org/Accreditation/Standards-and-Policies/2015-EPAS.aspx.

Yu, N., Moulding, N., Buchanan, F., & Hand, T. 2016. "How Good Is Good Enough?

Exploring Social Workers' Conceptions of Preparedness for Practice." *Social Work Education* 35 (4): 414 – 429.

Zeng, S., Cheung, M., Leung, P., He, X., Li, X., & Huang, R. 2021. "Major-to-employment Mismatch in Social Work: A Values-based Framework Explaining Job-search Decisions among Chinese Graduates in Shanghai, China." *International Social Work* 64 (2): 201 – 215.

Zeng, S., Cheung, M., Leung, P., & He, X. 2016. "Voices from Social Work Graduates in China: Reasons for Not Choosing Social Work as a Career." *Social Work* 61 (1): 69 – 78.

社会工作者工作满意度影响机制研究

——专业效能和个人成就感的链式中介效应

胡杰容[*]

摘　要　本文采用"中国社会工作动态调查"（CSWLS 2019）数据，运用 Stata 17.0 软件探究工作自主权与社会工作者工作满意度之间的关系及专业效能和个人成就感发挥的中介效应。结构方程模型分析结果显示：在控制性别、年龄、婚姻状况、受教育水平、从业年限、岗位、职位、社会保险、工资满意度、激励方式、加班的条件下，工作自主权与社会工作者工作满意度显著正相关，总效应为 0.267（β = 0.294，95% CI [0.237, 0.297]）；工作自主权对工作满意度的直接效应为 0.109（β = 0.120，95% CI [0.082, 0.135]）；专业效能和个人成就感分别发挥间接效应，并发挥链式中介效应，总间接效应为 0.158（β = 0.174，95% CI [0.140, 0.176]）。本研究表明，作为工作资源，工作自主权是工作满意度的重要保护性因素，提升工作自主权不仅可以直接影响社会工作者的工作满意度，而且可以通过提高专业效能和个人成就感间接影响其工作满意度，这对社会服务组织管理和稳定社会工作者人才队伍具有重要的实践意义。

关键词　工作自主权　工作满意度　专业效能　个人成就感

---

[*] 胡杰容，澳门城市大学创新社会工作系助理教授，主要研究方向为社会政策、社会工作教育等。

一 问题提出

工作满意度不仅影响社会工作者的离职行为，也是其离职意愿、职业倦怠的重要预测因素（Vinokur et al., 1994；Kim & Stoner, 2008；Acker, 2018；Alam & Asim, 2019）。中国社会工作人才队伍的稳定与发展，需要关注社会工作者的工作满意度问题及其影响因素。工作满意度是基于对工作表现、职业认知、工作成就的评价，对工作产生的一种积极情感状态或情绪体验（Weiss, 2002）。工作满意度既表现出不同性别、年龄、受教育程度个体之间的差异，也受到与工作相关因素的影响（Spector, 1997；Gazioglu & Tansel, 2006）。社会学视角将工作价值和感知的工作特征作为工作满意度的关键解释变量，实证检验工作自身特征、便捷舒适性、经济报酬、同事关系、职业机会和资源充足性对工作满意度的影响（Kalleberg, 1977）。有学者将这些影响因素分为外在因素和内在因素两类，外在因素包括工资、附加福利、晋升机会及其他物质奖励；内在因素来自工作本身，包括工作是否具有挑战性、工作任务是否有趣、工作是否具有自主权（Rose, 2003）。前者更多体现经济理性，如工作保障、工作条件和薪酬福利；后者则更多体现价值理性，如工作自主权、工作支持、同事关系等。赫兹伯格将影响工作满意度的各种因素分为保健因素（如工资、福利、人际关系、工作条件）和激励因素（如工作特征、责任、成就等）两种类型。他强调激励因素是工作内在固有的，会带来个人对工作的积极态度，因为它满足了个人成长或自我实现的需要（Herzberg, 1966：14）。不可否认外在物质性、结果性因素对社会工作者的工作满意度非常重要，但也要关注过程性、工作本身内在性因素如工作自主权的影响及其影响机制。另外，目前关于中国社会工作者工作满意度的相关研究，更多关注薪资福利、专业认同、工作家庭冲突、工作压力、角色模糊、工作要求等因素对职业倦怠、离职意愿、同情疲劳、抑郁等负面情绪的影响（Jiang et al., 2019；王晔安等，2021；唐咏、罗鹏，2022；秦海波等，2022；Jia & Fu, 2022；Li et al., 2022）。而对工作满意度及其积极影响因素的关注不足，关于工作自主权对工作满意度的影响机制的研究也不多。

工作自主权是专业发展的基础和保障，但工作自主权保障会遭遇一些现实困难。首先，在跨专业合作中，面对不同专业力量，社会工作者专业的角色扩展和自主权会受到一定挑战（Abramson & Mizrahi，1996）。其次，在当前社会工作专业化的进程中，存在专业化和行政化之间的张力（杨发祥、王杰，2018）。在中观层面上，社会工作者的工作自主权会受到组织内部关系及其与合作伙伴关系的制约（朱健刚、陈安娜，2013）。在宏观层面上，社会工作者专业人员的价值理念大众化，但专业自主权遭到侵蚀（郑广怀、朱苗，2021）。那么，工作自主权是否影响社会工作者的工作满意度以及如何产生影响是一个值得关注的研究问题。

本研究采用"中国社会工作动态调查"（CSWLS 2019）数据，探讨工作自主权、专业效能、个人成就感和社会工作者工作满意度之间的关系，试图回答工作自主权是否影响以及如何影响社会工作者的工作满意度？专业效能和个人成就感是否发挥中介效应？总之，本研究试图探讨工作自主权是否为工作满意度的保护性因素，以及是否通过影响专业效能和个人成就感发挥中介效应。

二 文献综述与研究假设

（一）工作自主权与工作满意度的关系

工作自主权是个人在多大程度上享有决定和选择工作计划及如何完成工作任务的自由裁量权（Hackman & Oldham，1976：258）。在哈克曼和奥德海姆提出的工作特征激励模型中，工作自主权正向预测员工的心理状态，提升其工作成就和工作满意度（Hackman & Oldham，1976）。作为一种核心的工作特征，工作自主权使个人可以根据自己的理解和愿望去调整行为以实现工作目标，产生更大的工作动力和更强烈的个人责任感，因此成为工作满意度的一个激励因素。工作自主权可以正向预测工作满意度已经得到一些实证研究的支持（Searcy，2012；Wu et al.，2015；Maneechaeye，2020）。对中国社会工作者的研究也发现工作自主权与工作满意度呈正相关（Su et al.，2023）。基于这些文献，本研究提出研究假设H1：工作自主权正向影响社会工作者的工作满意度。

(二) 工作自主权对工作满意度的中介机制

在工作自主权对工作满意度的影响中，不能忽视自我效能和个人成就感的作用。自我效能是"个人对组织和执行行动去实现某些目标的技能和能力的信念"（Bandura，1997：3）。首先，工作自主权促使个人相信自己具备完成工作任务所需的能力，继而产生积极的工作结果，自我效能发挥中介效应（Saragih，2011）。奥德海姆和弗里德（Oldham & Fried，2016）认为，工作自主权是形塑自我效能的重要来源。一些实证研究发现，自我效能与工作满意度呈正相关（Perdue et al.，2007）。郑广怀等（2021）研究发现，工作自主权正向预测中国社会工作者的专业效能。由此本研究提出研究假设H2：在工作自主权对社会工作者工作满意度的影响中，专业效能发挥部分中介效应。

工作自主权意味着对工作结果的个人责任感，促使员工有更强的内在动机去提高工作效率；同时，它正向影响个人的掌控感，增强工作结果是个人努力成果的感觉，即个人成就感（Langfred & Moye，2004；Khoshnaw & Alavi，2020）。在探讨社会工作者职业倦怠问题时，研究发现工作自主权与个人工作成就显著相关，工作自主权的缺乏会导致个人成就感降低（Kim & Stoner，2008）。而社会工作者的个人成就感与工作满意度呈正相关（Hombrados-Mendieta & Cosano-Rivas，2013）。基于以上文献，本研究提出研究假设H3：在工作自主权对社会工作者工作满意度的影响中，个人成就感发挥部分中介效应。

自我效能与个人成就感是两个不同的概念。自我效能具有前瞻性和可操作性，强调个人对完成工作任务、应对挑战的信心与信念。而个人成就感的构成及其衡量标准具有追溯性，强调在完成工作任务或从事有价值工作后产生的正向感受和情绪体验，如对成就的自豪和兴奋（Luszczynska et al.，2005）。工作自主权让员工因感受到被赋予的权利和自由而承担责任，从而影响自我效能和个人成就感（Wang & Netemeyer，2002），而自我效能正向预测工作成就；高个人成就感会让工作更愉快，带来更高的工作满意度（Judge et al.，2007，2001）。对社会工作者的研究发现，自我效能是工作自主权和个人成就感之间建立联系的触发因素，社会工作者的工作表现与个人成就感呈正相关（Levin et al., 2022）。基于此，本研究提出研究假设 H4：在工作自主权对社会工作者工作满意度的影响中，专业效能和个人成就感发挥链式中介效应。

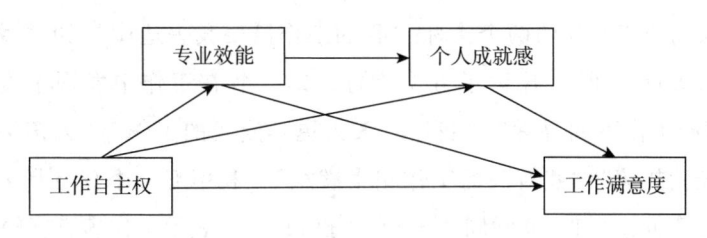

图 1 工作自主权与社会工作者工作满意度的关系模型

三 数据与变量测量

（一）数据收集与分析方法

本文数据来源于华东理工大学社会与公共管理学院、国际社会工作学院和上海高校智库社会工作与社会政策研究院共同开展的"中国社会工作动态调查"（CSWLS 2019）。该项目在全国 56 个城市采用多阶段抽样方法，收集社会工作者个人有效问卷 5965 份，有效回收率为 99.87%。在删除分析变量的缺失值后，最终保留样本量为 5545。在资料分析上，本研究采用 Stata 17.0 统计分析软件，构建工作自主权、专业效能、个人成就感和工作满意度四个变量的结构方程模型；采用最大似然估计进行参数估计。自助法（Bootstrap）对数据违反正态分布这一前提条件具有稳健性，并产生 95% 置信水平上路径系数的置信区间，是检验中介效应的一种更有效方法（Hayes, 2018）。因此，本研究采用自助法，对来自初始样本的 2000 个随机样本重复抽样来检验中介效应。

（二）变量测量

1. 工作自主权

工作自主权的测量采用三个指标，分别是"我对是否开展某项工作有自主决定权""我可以自己决定如何开展我的工作""在讨论工作时我的意见有影响力",利用五分李克特量表进行赋分(非常不同意=1,非常同意=5),分值越大,表示工作自主权越高。

2. 工作满意度

工作满意度的测量采用工作满意度量表,通过验证性因子分析,删除了因子载荷小于0.5的两个指标"我的工作需要我去适应"和"我的工作需要投入大量时间",保留了五个指标,即"我在工作中发现了真正的乐趣""我的工作不同寻常""我比一般人更热爱我的工作""大多数时候我对工作充满热情""我对我的工作相当满意",利用五分李克特量表进行赋分(非常不同意=1,非常同意=5),分值越大,表示工作满意度越高。

3. 专业效能

专业效能量表包括九个指标,探索性因子分析结果表明这些指标载荷在两个不同的公因子上,其中一个公因子侧重于面向服务对象直接开展微观服务,另一个公因子突出资源链接和方案规划。考虑到本研究的调查对象以直接面向服务对象的一线社会工作者为主,因此本研究选择前一个公因子,包括"我帮助服务对象改变境遇""我帮助服务对象解决个人、家庭和社会层面的一些问题""我帮助服务对象解决一到两个能改善他们生活的关键问题""我可以有效回应服务对象及其家人提出的需求""我能够对服务对象进行危机干预"。采用五分李克特量表进行赋分(非常不同意=1,非常同意=5),分值越大,表示专业效能越高。

4. 个人成就感

个人成就感的测量采用Maslach职业倦怠量表(MBI-ES),个人成就感与其他两个维度的相关性较弱,可以单独使用(Maslach et al.,1996;Lee & Ashforth,1996)。根据验证性因子分析修正指数的提示(Modification Indices)删除"我感到精力充沛"和"我能很快地明白服务对象的想法"这两个指标,保留"我能很容易地营造与服务对象交流的轻松气氛""和同事在工作上的密切协作会令我感到满足""本职工作使我体验到自身的价值所在""我能非常有效地解决工作中的问题""在工作中我能心平气和地处理自己的情绪问题""我感到自己的工作对他人的生活产生积极的影响"这六个指标。采用七分李克特量表进行赋分(从未=0,一年几次=1,每月一次=2，每月几次=3，每星期一次=4，每星期几次=5，每天一次=6），分值越大，表示个人成就感越高。

5. 控制变量

为了探究核心变量之间的关系，本研究加入社会人口学特征和既有研究文献发现的工作满意度影响因素作为控制变量，包括性别、年龄、婚姻状况、受教育水平、从业年限、岗位、职位、工资满意度、社会保险、激励方式、加班。其中，年龄和从业年限为连续性变量，其余为二分类变量。

四 分析结果

（一）样本特征描述性统计

样本描述性统计显示，样本的构成以女性为主（79.18%），绝大部分具有大学及以上学历（92.70%），平均年龄为30.31岁，从业年限为3.49年，体现了社工从业者具有女性化、知识化和年轻化的特点。本次调查的样本中，一线社工占86.42%，管理岗位的社工占41.79%。有社会保险的调查对象占89.77%，机构有激励方式的调查对象占92.39%，报告存在加班情况的调查对象占83.28%。总体来看，调查对象大部分有社会保险和激励方式，但大部分调查对象存在加班情况。税后基本工资和福利收入的均值为4.51万元，标准差为2.66万元，对工资不满意的调查对象占62.22%。将四个核心变量的测量题项分别加总求和再除以题项的数量，得到以下数据：工作满意度的均值是3.61，工作自主权的均值是3.57，专业效能的均值是3.67，个人成就感的均值是4.06，都高于中位数（见表1）。

表1 样本描述性统计（$N=5545$）

变量类型	测量	定义/取值范围	占比/均值（标准差）
自变量	工作自主权	1~5	3.57（0.64）
因变量	工作满意度	1~5	3.61（0.61）
中介变量	专业效能	1~5	3.67（0.54）
中介变量	个人成就感	0~6	4.06（1.27）
控制变量	年龄（岁）	18~70	30.31（7.71）

续表

变量类型	测量	定义/取值范围	占比/均值（标准差）
	从业年限（年）	0~35	3.49（3.45）
	性别	男=0 女=1	20.92 79.18
	婚姻状况	无配偶=0 有配偶=1	52.39 47.61
	受教育水平	大学以下=0 大学及以上=1	7.30 92.70
	岗位	非一线=0 一线=1	13.58 86.42
	职位	非管理者=0 管理者=1	58.21 41.79
	社会保险	无=0 有=1	10.23 89.77
	激励方式	无=0 有=1	7.61 92.39
	加班	不加班=0 加班=1	16.72 83.28
	工资满意度	不满意=0 满意=1	62.22 37.78

注：第四列中，四个核心变量和控制变量中的年龄、从业年限对应数据为均值（标准差）；其他变量对应数据为占比（%）。

（二）假设检验

1. 测量模型

在估计理论模型前，先进行变量测量的信效度分析。从表2可以看到，测量潜变量的每个量表 Cronbach's α 系数都在 0.7 以上，量表具有较好的内在一致性信度。工作自主权、专业效能、个人成就感、工作满意度这四个变量之间的相关系数都具有统计显著性，协方差矩阵显示各个变量之间的协方差都在 0.4 以下，表明量表具有良好的区分效度。表3汇报了潜变量的测量与测量模型拟合，从表3可以看出，各个测量指标的因子载荷在 0.01 的显著性水平上都具有统计显著性，绝大多数指标的标准化因子载荷在 0.6 以上，量表具有较好的收敛效度。因此，潜变量测量的量表具有良好的信度和效度。

表 2　潜变量相关系数和协方差矩阵（$N=5545$）

潜变量	Cronbach's α	1. 工作自主权	2. 专业效能	3. 个人成就感	4. 工作满意度
1. 工作自主权	0.765	1.000			
2. 专业效能	0.845	0.274（0.107）***	1.000		
3. 个人成就感	0.924	0.187（0.153）***	0.319（0.201）***	1.000	
4. 工作满意度	0.865	0.278（0.125）***	0.510（0.175）***	0.413（0.302）***	1.000

注：括号外为相关系数，括号内为协方差，*** $p<0.001$。

表 3　潜变量的测量与测量模型拟合（$N=5545$）

类型	变量测量	均值	标准差	因子载荷
潜变量	工作自主权			
显变量	我对是否开展某项工作有自主决定权	3.503	0.84	0.772（0.009）
	我可以自己决定如何开展我的工作	3.618	0.788	0.756（0.009）
	在讨论工作时我的意见有影响力	3.59	0.692	0.648（0.010）
潜变量	工作满意度			
显变量	我在工作中发现了真正的乐趣	3.68	0.742	0.793（0.006）
	我的工作不同寻常	3.544	0.793	0.686（0.008）
	我比一般人更热爱我的工作	3.508	0.778	0.818（0.006）
	大多数时候我对工作充满热情	3.833	0.684	0.733（0.007）
	我对我的工作相当满意	3.469	0.773	0.733（0.007）
潜变量	专业效能			
显变量	我帮助服务对象改变境遇	3.779	0.66	0.784（0.007）
	我帮助服务对象解决个人、家庭和社会层面的一些问题	3.785	0.648	0.814（0.007）
	我帮助服务对象解决一到两个能改善他们生活的关键问题	3.757	0.666	0.782（0.007）
	我可以有效回应服务对象及其家人提出的需求	3.625	0.684	0.659（0.009）
	我能够对服务对象进行危机干预	3.424	0.752	0.598（0.010）
潜变量	个人成就感			
显变量	我能很容易地营造与服务对象交流的轻松气氛	4.076	1.461	0.760（0.006）
	和同事在工作上的密切协作会令我感到满足	4.28	1.431	0.806（0.005）
	本职工作使我体验到自身的价值所在	3.905	1.592	0.859（0.004）
	我能非常有效地解决工作中的问题	4.055	1.411	0.866（0.004）

续表

类型	变量测量	均值	标准差	因子载荷
显变量	在工作中我能心平气和地处理自己的情绪问题	4.127	1.447	0.802（0.005）
	我感到自己的工作对他人的生活产生积极的影响	3.897	1.603	0.820（0.005）

2. 假设检验

加入所有控制变量，建立工作自主权、专业效能、个人成就感、工作满意度四个潜变量的结构方程模型。Hu 和 Bentler（1999）提出，在评价结构方程模型的拟合优度时常用 RMSEA、CFI、TLI 和 SRMR 四个指标，而且这些指标不受样本规模的影响。一般情况下，如果 RMSEA 小于 0.05，CFI 和 TLI 大于 0.95，SRMR 小于 0.08，表示模型拟合良好。由于样本规模较大，结构方程模型的拟合指标采用不受样本规模影响的 RMSEA、CFI、TLI 和 SRMR，从多个指标可以看出，结构方程模型拟合较好（RMSEA = 0.040，CFI = 0.950，TLI = 0.939，SRMR = 0.027）。

表 4 报告了在控制变量的前提下，工作自主权、专业效能、个人成就感与工作满意度之间关系的非标准化回归系数与检验结果，工作自主权与专业效能、个人成就感和工作满意度之间关系的回归系数都通过了显著性检验。工作自主权对工作满意度的总效应为 0.267，95% 置信区间并不包括数字 0（95% CI [0.237，0.297]），总效应显著。采用 Bootstrap 抽样检验法进行中介效应分析发现，2000 次重复抽样，95% 置信水平上各个中介变量的间接效应仍然显著。如表 4 所示，在工作自主权对工作满意度的影响中，直接效应为 0.109，95% 置信区间并不包括数字 0（95% CI [0.082，0.135]），直接效应显著，研究假设 1 成立。在工作自主权→专业效能→工作满意度这条间接路径上，间接效应为 0.108，95% 置信区间并不包括数字 0（95% CI [0.094，0.123]），表明专业效能在工作自主权对工作满意度的影响中发挥部分中介效应，研究假设 2 成立。在工作自主权→个人成就感→工作满意度这条路径上，间接效应为 0.028，95% 置信区间并不包括数字 0（95% CI [0.019，0.036]），则个人成就感在工作自主权对工作满意度的影响中发挥部分中介效应，研究假设 3 成立。在工作自主权→专业效能→个人成就感→工作满意度这条路径上，间接效应为 0.022，95% 置信区间不

包括数字 0（95% CI [0.016，0.028]），说明在工作自主权对工作满意度的影响中，专业效能和个人成就感发挥链式中介效应，研究假设 4 得到支持。从各效应占总效应的比例来看，直接效应占总效应的 40.82%。三条路径的间接效应分别占总效应的 40.45%、10.49%、8.24%，总间接效应为 0.158，占总效应的 59.18%。从间接效应的大小来看，工作自主权通过专业效能比通过个人成就感发挥的间接效应大，专业效能对中介效应的贡献率最高。

表 4　工作自主权对工作满意度的效应分解（N = 5545）

路径	效应类型	效应大小	95% 置信区间 下限　上限
工作自主权→工作满意度	直接效应	0.109＊＊＊（0.013）	0.082　0.135
工作自主权→专业效能→工作满意度	间接效应 1	0.108＊＊＊（0.007）	0.094　0.123
工作自主权→个人成就感→工作满意度	间接效应 2	0.028＊＊＊（0.004）	0.019　0.036
工作自主权→专业效能→个人成就感→工作满意度	间接效应 3	0.022＊＊＊（0.003）	0.016　0.028
	总间接效应	0.158＊＊＊（0.009）	0.140　0.176
	总效应	0.267＊＊＊（0.015）	0.237　0.297

注：第三列括号内为标准误，＊＊＊ p < 0.001。

图 2 显示了变量之间关系的路径系数，工作自主权与工作满意度显著正相关（β = 0.294，p < 0.001），工作自主权通过四条路径影响社会工作者的工作满意度。工作自主权提高一个标准单位，工作满意度会提高 0.294 个标准单位。首先，工作自主权与工作满意度显著直接正相关（β = 0.120，p < 0.001）。其次，工作自主权通过专业效能间接影响工作满意度。工作自主权与专业效能显著正相关（β = 0.291，p < 0.001），而专业效能与工作满意度显著正相关（β = 0.412，p < 0.001），路径系数为 0.120。再次，工作自主权通过个人成就感间接影响工作满意度。工作自主权与个人成就感显著

正相关（β = 0.115，p < 0.001），个人成就感与工作满意度显著正相关（β = 0.265，p < 0.001），路径系数为 0.030。最后，工作自主权通过专业效能、个人成就感发挥链式中介效应，专业效能与个人成就感显著正相关（β = 0.314，p < 0.001），路径系数为 0.024。总间接效应的路径系数为 0.174，其中最重要的路径是工作自主权通过专业效能影响工作满意度。

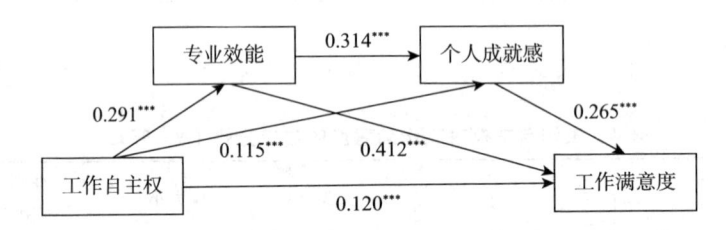

图 2　工作自主权与工作满意度之间关系的路径

说明：*** p < 0.001。

结构方程模型显示，总效应中，年龄与工作满意度正相关（β = 0.184，SE = 0.001，95% CI [0.011，0.017]）。男社工的工作满意度显著低于女社工（β = -0.029，SE = 0.019，95% CI [-0.081，-0.005]）。管理岗位社工的工作满意度显著高于非管理岗位社工（β = 0.047，SE = 0.018，95% CI [0.022，0.091]）。工资满意度与工作满意度显著正相关（β = 0.171，SE = 0.017，95% CI [0.175，0.240]）。激励方式与工作满意度显著正相关（β = 0.053，SE = 0.030，95% CI [0.058，0.176]）。加班与工作满意度显著负相关（β = -0.038，SE = 0.022，95% CI [-0.102，-0.016]）。在总效应中，其他控制变量与工作满意度的关系没有通过显著性检验。

五　结论与讨论

本研究采用 CSWLS 2019 全国社会工作者个人数据，通过结构方程模型，探究工作自主权与社会工作者工作满意度之间的关系及其影响机制，研究发现在控制社会人口学特征、岗位、职位、社会保险、激励方式、工资满意度等变量的前提下，工作自主权不仅直接影响社会工作者工作满意度，还通过专业效能和个人成就感发挥间接效应。本研究发现工作自主权、专业效能和个人成就感是社会工作者工作满意度的重要保护性因素，当社会工作者拥有较高的工作自主权时，不仅会直接带来较高的工作满意度，而且会通过显著提高专业效能和个人成就感来提升工作满意度。这一研究结论对于社会工作专业人才队伍建设和社会服务组织管理具有重要的意义。

（一）工作自主权对社会工作者工作满意度的直接效应

工作自主权显著直接影响社会工作者工作满意度。当组织能够给予社会工作者高度的工作自主权时，个体内在动力会被激发，富有较强的热情去投入工作，从而提升工作满意度。这与既往研究结果相一致，工作自主权对工作满意度有显著的正向影响（甘新敏，2019）。自我决定理论（Self-Determination Theory, SDT）将自主需求、效能需求和关系需求作为人类三个基本心理需求，而个人的外部动机能否顺利地内化为内部动机，取决于这些需求能否得到满足（Ryan & Deci, 2017）。在组织中，各种环境因素对员工各种体验和幸福感的影响主要以自主性、归属感和效能这三个基本心理需求为媒介，如果组织环境允许自主性和效能的基本需求得以实现，则可以促进个体各种积极情绪和健康功能的实现，如提升个体的工作成就感和幸福感等积极体验（Ryan & Deci, 2002: 6）。一些实证研究发现，自主性、归属感和效能可以作为员工功能发挥、自我成长和幸福感的独立预测因素（Ryan & Deci, 2000, 2017）。总之，自主性对个体行为具有重要的意义，个体越能对自己的工作进行自主决策，个体动机就越趋于内化，会更努力地工作，产生更好的工作结果和情绪体验。值得注意的是，也有研究发现工作自主权与工作满意度之间是一种非线性关系（Chung-Yan, 2010）。在其他专业群体中太多的工作自主权对员工行为和工作结果产生显著的消极影响（Xing et al., 2018; Zhou, 2020）。但是考虑到当前社会工作者工作自主权遭遇到的困境，在提升社会工作者工作满意度的系统措施中，保障和提升社会工作者的工作自主权仍然有重要的现实意义。

（二）工作自主权通过专业效能和个人成就感对社会工作者工作满意度的中介效应

第一，专业效能在工作自主权对社会工作者工作满意度的影响中发挥中介效应。班杜拉（Bandura，2012）强调自我效能对专业发展的重要意义，提出感知自我效能是专业选择和发展的一个强健决定因素，专业效能越强，专业兴趣会越大，会越持久地投入专业追求中。专业效能对于社会工作实务具有重要意义（Simons et al.，2016；Kagan，2022）。本研究进一步支持了专业效能对社会工作者工作满意度的重要性。从工作自主权这一工作资源转化而来的专业效能，是社会工作者重要的个人资源和内在的工作动力，可以成为投身和委身社会工作专业的重要源泉。在社会服务组织管理中，尤其要重视工作自主权带来专业效能提高，继而对社会工作者工作满意度的积极影响。

第二，工作自主权通过个人成就感对社会工作者工作满意度发挥中介效应。在关于社会工作者、教师职业倦怠的既有研究中，也发现专业自主权会通过个人成就感影响工作满意度（Poulin & Walter，1993；Skaalvik & Skaalvik，2009）。工作自主权有助于工作任务的完成和工作目标的实现，继而提升个人成就感和工作满意度。值得关注的是，也有研究将工作满意度作为工作自主权对职业倦怠影响的中介变量（Zhang & He，2022）。在社会服务组织人力资源管理中，赋予社会工作者更多的工作自主权，通过提升他们的个人成就感来提升工作满意度。

第三，专业效能和个人成就感在工作自主权对社会工作者工作满意度的影响中发挥链式中介效应，这一关系建立在专业效能与个人成就感显著正相关的基础上。对人类服务领域专业工作者如学校辅导员、教师的实证研究表明，低自我效能感与个人成就感降低显著相关（Evers et al.，2002；Gunduz，2012）。这一结论与既有研究结果一致，较低的专业效能会降低个人成就感，较高的专业效能使得个人相信自己有能力应对更大的工作压力或挑战，会更积极地投入工作之中，有助于顺利完成工作任务，继而产生更高的个人成就感（Ventura et al.，2015；Cherniss，2017：135-149）。这一影响机制在社会工作者群体中得到验证。

本研究的贡献主要是检验工作自主权对工作满意度的影响及其机制，发现专业效能和个人成就感在工作自主权对工作满意度的影响中发挥了重要的中介效应。本研究也发现，工资满意度、激励方式与工作满意度显著正相关。赫兹伯格将工资、福利这些因素作为防止工作满意度下降的保健因素，而将工作特征、责任、成就这些因素作为提升工作满意度的激励因素（Herzberg，1966）。当前提升中国社会工作者的工作满意度，不仅要关注工资、福利这些物质因素，还要关注工作特征本身如工作自主权，以及随之而来的专业效能和个人成就感这些积极的内在心理因素对工作满意度产生的影响。在实践意义上，对于社会服务组织管理来说，提升社会工作者的工作满意度，要赋予社会工作者更多工作自主权。对于社会工作专业发展来说，要维护社会工作者专业自治性。社会工作者人才队伍的稳定与发展，内在因素与外在因素并驾齐驱，不仅要看到提高薪资福利等的重要性，也要看到与工作本身紧密相连的工作自主权以及专业效能和个人成就感这些精神情感因素的意义。本研究的不足在于以截面数据建立结构方程模型分析变量之间的因果关系，存在一定的局限。

参考文献

甘新敏，2019，《工作自主性、组织所有制性质与工作满意度的关系——基于代际比较视角下的实证研究》，《行政科学论坛》第 6 期。

裴婷昊，2021，《社会工作者工作满意度的影响因素及其机制研究》，《社会工作》第 3 期。

秦海波、李玉昆、赵燕燕、程海源，2022，《提升薪资能否留住社会工作者？——工作自主权的调节作用》，《社会工作与管理》第 4 期。

唐咏、罗鹏，2022，《"理性人"或"社会人"？——薪资福利与专业认同对社会工作者离职倾向的影响研究》，《华东理工大学学报》（社会科学版）第 3 期。

王晔安、郑广怀、朱苗，2021，《职业支持：社会认同理论与职业认同的新维度》，《社会发展研究》第 1 期。

杨发祥、王杰，2018，《中国社会工作的话语体系构建》，《学海》第 3 期。

郑广怀、王晔安、马铭子，2021，《"以红领专"：社会工作者的专业自主性与国家的领导权建构》，《社会学研究》第 6 期。

郑广怀、朱苗，2021，《生态因素如何影响循证实践在社会工作专业化进程中的作用》，《学海》第 3 期。

朱健刚、陈安娜，2013，《嵌入中的专业社会工作与街区权力关系——对一个政府购买服务项目的个案分析》，《社会学研究》第 1 期。

Abramson, J. S. & Mizrahi, T. 1996. "When Social Workers and Physicians Collaborate: Positive and Negative Interdisciplinary Experiences." *Social Work* 41（3）: 270 – 281.

Acker, G. M. 2018. "Self-care Practices among Social Workers: Do They Predict Job Satisfaction and Turnover Intention?" *Social Work in Mental Health* 16（6）: 713 – 727.

Alam, A. & Asim, M. 2019. "Relationship Between Job Satisfaction and Turnover Intention." *International Journal of Human Resource Studies* 9（2）: 163 – 194.

Bandura, A. 1997. *Self-efficacy: The Exercise of Control*. New York: Freeman.

Bandura, A. 2012. "Cultivate Self-efficacy for Personal and Organizational Effectiveness." In E. A. Locke（ed.）, *Handbook of Principles of Organizational Behavior: Indispensable Knowledge for Evidence-based Management*（pp. 179 – 200）. NY: John Wiley and Sons.

Bronstein, L. R. 2003. "A Model for Interdisciplinary Collaboration." *Social Work* 48（3）: 297 – 306.

Cherniss, C. 2017. "Role of Professional Self-efficacy in the Etiology and Amelioration of Burnout." In W. B. Schaufeli, C. Maslach, & T. Marek（eds.）, *Professional Burnout*. Routledge.

Chung-Yan, G. A. 2010. "The Nonlinear Effects of Job Complexity and Autonomy on Job Satisfaction, Turnover, and Psychological Well-being." *Journal of Occupational Health Psychology* 15（3）: 237 – 251.

Evers, W. J., Brouwers, A., & Tomic, W. 2002. "Burnout and Self-efficacy: A Study on Teachers' Beliefs When Implementing an Innovative Educational System in the Netherlands." *British Journal of Educational Psychology* 72（2）: 227 – 243.

Federici, R. A. 2013. "Principals' Self-efficacy: Relations with Job Autonomy, Job Satisfaction, and Contextual Constraints." *European Journal of Psychology of Education* 28（1）: 73 – 86.

Gazioglu, S. & Tansel, A. 2006. "Job Satisfaction in Britain: Individual and Job-related Factors." *Applied Economics* 38（10）: 1163 – 1171.

Gunduz, B. 2012. "Self-Efficacy and Burnout in Professional School Counselors." *Educational Sciences: Theory and Practice* 12（3）: 1761 – 1767.

Hackman, J. R. & Oldham, G. R. 1976. "Motivation Through the Design of Work: Test of a Theory." *Organizational Behavior and Human Performance* 16 (2): 250 – 279.

Hayes, A. F. 2018. *Introduction to Mediation, Moderation, and Conditional Process Analysis: A Regression-based Approach.* New York: Guilford Press.

Herzberg, F. 1966. *Work and the Nature of Man.* New York: World Publishing.

Hombrados-Mendieta, I. & Cosano-Rivas, F. 2013. "Burnout, Workplace Support, Job Satisfaction and Life Satisfaction among Social Workers in Spain: A Structural Equation Model." *International Social Work* 56 (2): 228 – 246.

Hu, L. T. & Bentler, P. M. 1999. "Cutoff Criteria for Fit Indexes in Covariance Structure Analysis: Conventional Criteria Versus New Alternatives." *Structural Equation Modeling: A Multidisciplinary Journal* 6 (1): 1 – 55.

Jia, C. X. & Fu, C. 2022. "The Influence of Work-family Conflict on Social Worker Job Satisfaction." *Journal of Social Work* 22 (4): 970 – 991.

Jiang, H., Wang, Y., Chui, E., & Xu, Y. 2019. "Professional Identity and Turnover Intentions of Social Workers in Beijing, China: The Roles of Job Satisfaction and Agency Type." *International Social Work* 62 (1): 146 – 160.

Judge, T. A., Jackson, C. L., Shaw, J. C., Scott, B. A., & Rich, B. L. 2007. "Self-efficacy and Work-related Performance: The Integral Role of Individual Differences." *Journal of Applied Psychology* 92 (1): 107 – 127.

Judge, T. A., Thoresen, C. J., Bono, J. E., & Patton, G. K. 2001. "The Job Satisfaction-job Performance Relationship: A Qualitative and Quantitative Review." *Psychological Bulletin* 127 (3): 376 – 407.

Kagan, M. 2022. "Social Workers' Attitudes Toward Evidence-based Practice: The Mediating Role of Work-related Self-efficacy." *Social Work Research* 46 (3): 217 – 228.

Kalleberg, A. 1977. "Work Values and Job Rewards: A Theory of Job Satisfaction." *American Sociological Review* 42 (1): 124 – 143.

Khoshnaw, S. & Alavi, H. 2020. "Examining the Interrelation Between Job Autonomy and Job Performance: A Critical Literature Review." *Multidisciplinary Aspects of Production Engineering* 3 (1): 606 – 616.

Kim, H. & Stoner, M. 2008. "Burnout and Turnover Intention among Social Workers: Effects of Role Stress, Job Autonomy and Social Support." *Administration in Social Work* 32 (3): 5 – 25.

Langfred, C. W. & Moye, N. A. 2004. "Effects of Task Autonomy on Performance: An Extended Model Considering Motivational, Informational and Structural Mechanisms." *Journal of Applied Psychology* 89 (6): 934 – 945.

Lee, R. T. & Ashforth, B. E. 1996. "A Meta-analytic Examination of the Correlates of the Three Dimensions of Job Burnout." *Journal of Applied Psychology* 81 (2): 123 – 133.

Levin, L., Roziner, I., & Savaya, R. 2022. "Professional Identity, Perceived Job Performance and Sense of Personal Accomplishment among Social Workers in Israel: The Overriding Significance of the Working Alliance." *Health & Social Care in the Community* 30 (2): 538 – 547.

Li, N., Peng, J., & Yang, R. 2022. "How Do Working Conditions Affect the Turnover Intention of Medical Social Workers in China?" *BMC Health Services Research* 22 (1): 1 – 13.

Locke, E. A. 1976. "The Nature and Causes of Job Satisfaction." In M. D. Dunnette (ed.), *Handbook of Industrial and Organizational Psychology* (pp. 1297 – 1343). Chicago: Rand McNally.

Luszczynska, A., Scholz, U., & Schwarzer, R. 2005. "The General Self-efficacy Scale: Multicultural Validation Studies." *The Journal of Psychology* 139 (5): 439 – 457.

Maneechaeye, P. 2020. "Structural Model of the Impact of Autonomy and Career Satisfaction on Job Satisfaction in Teleworking Context." *Journal of Multidisciplinary in Social Sciences* 16 (2): 67 – 73.

Maslach, C., Jackson, S. E., & Schwab, R. L. 1996. "Maslach Burnout Inventory-educators Survey (MBI-ES)." *MBI Manual* 3: 27 – 32.

Oldham, G. R. & Fried, Y. 2016. "Job Design Research and Theory: Past, Present and Future." *Organizational Behavior and Human Decision Processes* 136 (1): 20 – 35.

Perdue, S. V., Reardon, R. C., & Peterson, G. W. 2007. "Person Environment Congruence, Self-efficacy, and Environmental Identity in Relation to Job Satisfaction: A Career Decision Theory Perspective." *Journal of Employment Counseling* 44 (1): 29 – 39.

Poulin, J. E. & Walter, C. A. 1993. "Burnout in Gerontological Social Work." *Social Work* 38 (3): 305 – 310.

Rose, M. 2003. "Good Deal, Bad Deal? Job Satisfaction in Occupations." *Work, Employment and Society* 17 (3): 503 – 530.

Ryan, R. M. & Deci, E. L. 2002. "Overview of Self-determination Theory: An Organismic Dialectical Perspective." In E. L. Deci & R. M. Ryan (eds.), *Handbook of Self-determination Research* (pp. 3 – 33). NY: University of Rochester Press.

Ryan, R. M. & Deci, E. L. 2000. "Self-determination Theory and the Facilitation of Intrinsic Motivation, Social Development, and Well-being." *American Psychologist* 55 (1): 68 – 78.

Ryan, R. M. & Deci, E. L. 2017. *Self-determination Theory: Basic Psychological Needs in Motivation, Development, and Wellness.* New York: Guilford publications.

Saragih, S. 2011. "The Effects of Job Autonomy on Work Outcomes: Self Efficacy as an Intervening Variable." *International Research Journal of Business Studies* 4 (3): 203 – 215.

Searcy, P. D. 2012. "Job Autonomy as a Predictor of Mental Well-Being: The Moderating Role of Quality-Competitive Environment." *Journal of Business and Psychology* 27 (3): 305 – 316.

Simons, K., An, S., & Bonifas, R. 2016. "Professional and Practice Characteristics Associated with Self-efficacy in Assessment and Intervention among Social Workers in Aging." *Social Work in Health Care* 55 (5): 362 – 380.

Skaalvik, E. M. & Skaalvik, S. 2009. "Does School Context Matter? Relations with Teacher Burnout and Job Satisfaction." *Teaching and Teacher Education* 25 (3): 518 – 524.

Spector, P. E. 1997. *Job Satisfaction: Application, Assessment, Causes, and Consequences.* London: Sage Publications.

Su, X., Wong, V., & Liang, K. 2023. "The Indirect Effect of Autonomy on Job Satisfaction Through Collective Psychological Ownership: The Case of Social Workers in China." *Current Psychology* 42 (11): 8805 – 8815.

Ventura, M., Salanova, M., & Llorens, S. 2015. "Professional Self-efficacy as a Predictor of Burnout and Engagement: The Role of Challenge and Hindrance Demands." *The Journal of Psychology* 149 (3): 277 – 302.

Vinokur, K. D., Jayaaratne, S., & Chess, W. A. 1994. "Job Satisfaction and Retention of Social Workers in Public Agencies, Non-profit Agencies and Private Practice: The Impact of Workplace Conditions and Motivators." *Administration in Social Work* 18 (3): 93 – 121.

Wang, G. & Netemeyer, R. G. 2002. "The Effects of Job Autonomy, Customer Demandingness, and Trait Competitiveness on Salesperson Learning, Self-efficacy, and Performance." *Journal of the Academy of Marketing Science* 30 (3): 217 – 228.

Weiss, H. M. 2002. "Deconstructing Job Satisfaction: Separating Evaluations, Beliefs and Affective Experiences." *Human Resource Management Review* 12 (2): 173 – 194.

Wu, C. H., Griffin, M. A., & Parker, S. K. 2015. "Developing Agency Through Good Work: Longitudinal Effects of Job Autonomy and Skill Utilization on Locus of Control." *Journal of Vocational Behavior* 89: 102–108.

Xing, L., Sun, J. M., Yin, K., & Wang, Z. 2018. "The Too-Much-of-a-Good-Thing Effect and Its Mechanisms." *Advances in Psychological Science* 26 (4): 719–730.

Zhang, N. & He, X. 2022. "Role Stress, Job Autonomy, and Burnout: The Mediating Effect of Job Satisfaction among Social Workers in China." *Journal of Social Service Research* 48 (3): 365–375.

Zhou, E. 2020. "The 'Too-much-of-a-good-thing' Effect of Job Autonomy and Its Explanation Mechanism." *Psychology* 11 (2): 299–313.

组织特质与资源汲取：一个公益组织的资源依赖结构转型[*]

吴永红　梁　波[**]

摘　要　通过对一个以社群为基础的社会组织资源依赖结构转型过程的研究，本文检视了公益服务类社会组织资源汲取的内生性基础。基于社会组织与服务对象的互动特征及其在公益场域中扮演的角色，本文提出了"组织特质与资源汲取"分析框架，用以解析社会组织通过识别与回应社会需求所实现的资源汲取多元化过程，探讨这类组织何以超越行政资源依赖的组织机制。在中国社会组织资源环境日益优化的当下，社会组织的社会性本身可作为独立的解释变量解析社会组织如何提升资源汲取能力，为现有的社会组织研究提供新的经验和解释路径。

关键词　社会组织　资源依赖结构转型　组织特质　资源汲取

---

[*] 本文为国家社科基金一般项目"基于中国经验的产业社会学研究"（20BSH108）、江西省社会科学规划课题"地方政府产业政策的变迁逻辑研究"（19SH05）的阶段性成果。致谢：感谢受访者提供的帮助，感谢袁茹月同学协助资料整理。文责自负。

[**] 吴永红，上海海洋大学海洋文化与法律学院讲师，主要研究方向为社会治理与社会组织；梁波（通讯作者），江西财经大学人文学院教授、博士生导师，主要研究方向为组织社会学与产业社会学。

一 问题的提出

在中国社会组织进入资源环境日益优化的新发展阶段,理解近年来社会组织发展的特征及所面临的挑战,离不开对社会组织资源汲取转型及其过程的考察。在社会组织的早期发展阶段,尽管部分社会组织形成了相对多样的资源汲取方式(Spires et al.,2014),但社会组织在整体发展上较为依赖政府资源(范明林,2010;李友梅等,2012;文军,2012;王名等,2013;王诗宗、宋程成,2013)。自党的十八届三中全会明确提出"激发社会组织活力"以来,社会组织的资源汲取在总体上呈现为多元分化状态:在一类社会组织日益依赖行政资源的同时,还有一类则发展出了多样化的资源汲取方式(嵇欣等,2022)。

而我们在经验调查中发现,不同于这种横向层面的资源汲取变化,同一社会组织本身的资源汲取也在发生变化:从早期以行政资源为主要特征的"单一化"资源依赖结构,转向政府、市场、社会等多种渠道并存的"多元化"资源依赖结构。本文将这类社会组织资源依赖结构转型的特征概括为"超越行政资源依赖"。"超越行政资源依赖"并不意味着公益服务类社会组织不需要汲取行政资源,而是指涉该类社会组织资源依赖结构的变化,经历了从高度依赖行政资源到不再高度依赖行政资源的过程,在这一转变过程中,来自市场、社会等渠道的体制外资源汲取日益增加,其占比与行政资源占比较为均衡,甚至超过了行政资源占比。以本文所重点关注的社会组织——M 中心为例,在其 2020 年的项目结构中,政府购买项目占 50%,基金会项目占 30%,自筹经费项目占 20%[①],这与其初创时期几乎全部依靠政府的资源依赖格局形成了鲜明的对比。

面对这一新的社会组织发展变迁现象,我们意识到,如果仅从制度主义理论和资源依赖理论出发,把社会组织资源依赖结构转型的决定性变量归结为结构性因素,并不能较为深入地解释公益服务类社会组织发展变迁的深层组织逻辑。由此也不能有效解释,同样面对资源环境的优化,为什

[①] 该数据基于对机构负责人的访谈整理得出(访谈资料,20200530)。

么仅有少数公益服务类社会组织实现了从单一化行政资源依赖到多元化资源依赖的结构转型？在外部环境因素之外，这类理想类型意义上的组织资源汲取，受到何种力量与组织机制的形塑？

二 文献回顾与研究路径

关于社会组织的资源汲取，既有研究主要从两个视角展开：制度主义理论视角和资源依赖理论视角。其中，制度主义理论认为制度作为结构性因素，通过合法性机制影响组织与环境的关系（斯科特，2020）。受这一经典研究范式的影响，相关研究主要围绕合法性机制展开。早期研究注意到了强意义上的合法性机制对于社会组织的影响（范明林，2010；严振书，2010；王名等，2013；邓宁华，2011；文军，2012）。随着社会组织发展环境的改善，后续研究则关注到了弱意义上的合法性机制对于社会组织的影响（黄晓春，2015；管兵，2015；黄晓春、周黎安，2017；黄晓春、嵇欣，2014；徐盈艳、黎熙元，2018）。总体而言，受制于特定的国家治理结构（陈家建、赵阳，2019）和技术治理逻辑（黄晓春，2017）的影响，社会组织的资源汲取在总体上呈现为以"依附式自主"（王诗宗、宋程成，2013）为特征的单一行政资源依赖。

不同于制度主义理论对合法性的强调，资源依赖理论从组织维度入手，聚焦组织与其外部环境的资源依赖机制。资源依赖理论认为，当一个组织对于重要资源的依赖主要集中于另一个组织时，该组织就容易受到控制着它们所需资源的组织的影响，这也使得组织试图为减少这种外部控制而建立其他的资源依赖关系（菲佛、萨兰基克，2006）。受资源依赖理论的影响，相关研究主要围绕社会组织资源汲取的多样化特征与影响因素展开。一些研究注意到，社会组织在其发展的不同阶段都持续地从市场和社会汲取各类资源（罗文恩、周延风，2010；Spires et al.，2014；Yu & Chen，2018；王诗宗、罗凤鹏，2019；Cheng & Parris，2020）。另一些研究则发现，资源环境的竞争程度和理事会参与等组织因素影响着社会组织发展出多样化的资源汲取方式（Zhu et al.，2018）。

综上，制度主义理论视角和资源依赖理论视角的分析，深刻地解释了社会组织资源汲取中的合法性机制和资源依赖机制，但这两类研究关注的都是社会组织作为一般性组织的资源汲取特征。一个被上述研究领域忽视的重要维度是，社会组织具有不同于一般性组织的社会价值取向和社会伦理特征（纪莺莺，2022）。因此，本文认为在当前关于社会组织资源依赖的研究路径中，仍然缺乏一种对于组织特质及其对组织资源汲取之塑造作用的分析。对社会组织的"社会性"维度（朱苗、郑广怀，2021）的相对忽视，在一定程度上限制了社会组织资源汲取研究的视野，因而难以深入解释同一社会组织内部的资源依赖结构转型何以发生的深层组织机制。本文从组织社会学视角出发，发展出"组织特质与资源汲取"分析框架，为社会组织在纵向层面的资源依赖结构转型过程提供解释。

"组织特质与资源汲取"分析框架的提出，主要受到以下理论及其相关研究的启发。（1）萨拉蒙和安海尔（Salamon & Anheier，1998）提出的社会起源理论认为，作为社会组织发展的重要影响因素，国家、市场、社会与社会组织的关系，构成了社会组织的属性特征。国内学者运用该理论，也强调了社会组织的社会基础对其资源汲取的影响（徐盈艳、黄晓星，2020）。（2）资源依赖理论认为，尽管组织受到环境的制约，但依然可以依靠战略选择来管理其对环境的资源依赖。组织的战略选择，既要关注政府和供应商，也要关注其产品和顾客（菲佛、萨兰基克，2006）。国内研究也提出了专业性和嵌入性（向静林，2018）、服务对象的认可与支持对社会组织功能发挥的影响（邓燕华，2019）。（3）组织社会学决策分析学派认为，为了控制外在环境带来的不确定性，组织往往通过在组织内部建立专门部门的方式来试图使这些外在的不确定性处于稳定状态（克罗齐耶、费埃德伯格，2007）。而这些专门部门里的人员，可以被视为组织的"中继者"（李友梅，2009）。

受到上述组织理论观点与解释路径的启发，本文尝试将M中心超越传统行政资源依赖的过程放置于社会组织与服务对象的互动及其在公益场域扮演的角色中进行考察，尝试建构起一个"组织特质与资源汲取"分析框架（见图1），通过实证阐释，揭示和分析社会组织何以超越行政资源依赖的组织机制。

图 1 分析框架

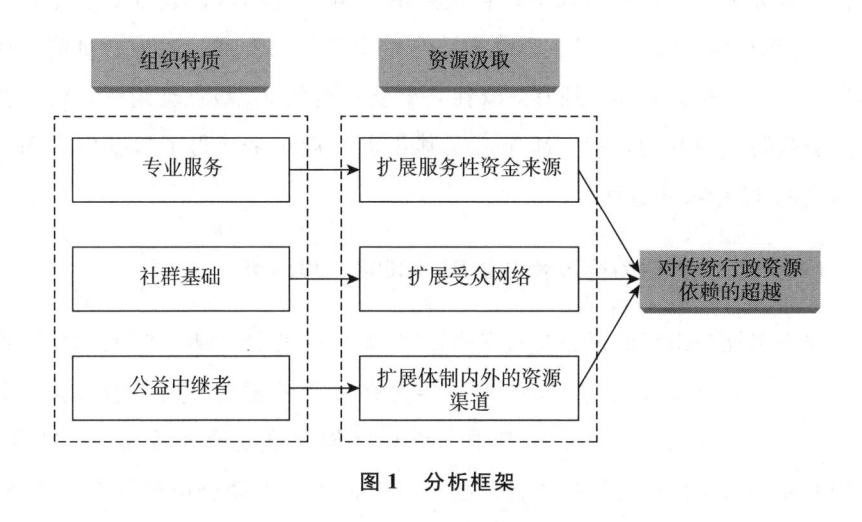

本文将"组织特质"界定为社会组织基于特定价值与伦理取向,以满足服务对象的需求为中心的"使命驱动"型组织属性,它构成社会组织资源汲取的社会性基础。在分析层面上,"组织特质"包括专业服务、社群基础、公益中继者三个维度。本文将"资源汲取"界定为社会组织在服务对象和公益场域中的资源挖掘与获得。在分析层面上,"资源汲取"操作化为以下三个维度:扩展服务性资金来源、扩展受众网络、扩展体制内外的资源渠道。

本文采用参与式观察方法来支撑"组织特质与资源汲取"分析框架。通过自 2016 年以来长时段的参与式观察,研究团队成员以志愿者的身份参与到 M 中心的项目实施中,对其与服务对象的互动过程进行了深入的参与式观察。同时,研究团队还多次对其核心成员进行深度访谈,并对 M 中心的相关汇编材料、新闻报道、直播视频、公众号宣传资料等文本进行了深度分析。这些田野工作为本文"深描"M 中心资源依赖结构转型的组织机制提供了重要支撑。

三 社会组织超越行政资源依赖的历程

Z 市的 M 中心成立于 2008 年,是一个致力于青年群体艾滋病防治服务的公益服务类社会组织。该组织初创期的结构较为松散，成员以志愿者为主。自2010年在民政部门注册以来，经过十几年的发展，M中心目前已成为以一家母机构为基础，拥有三家独立分支机构的5A级社会组织。由于其在艾滋病防治领域的贡献，M中心及其负责人近年来获得了包括中央和省市级别的30余项荣誉称号。[①]

（一）初创时期的行政资源依赖（2008～2014年）

与众多社会组织的成长境况相似，M中心在发展早期主要依靠政府资源生存。2008年诞生之初，M中心主要是在Z市性病艾滋病防治协会的资源支持下，协助其在Z市高校开展艾滋病宣传和早期检测活动。2009年，M中心还加入了中盖艾滋病项目，在重点群体中开展动员检测与干预活动。在艾滋病防治领域的早期，草根社会组织主要通过疾控中心或有政府背景的性病艾滋病防治协会参与到国际合作项目中，就此而言，初创时期的M中心在资金、信息、合法性等方面都较为依赖政府部门。

M中心获得合法身份的注册过程，也得到了时任A区社会组织联合会会长和团委书记的帮助，并于2010年在民政部门登记注册，成为行业内首家获得合法身份的草根公益组织。获得合法身份后，M中心得以有机会申请到一些政府项目支持，如Z市慈善基金会资助的行为干预项目和Z市民政局资助的公益创投项目，同时还获得了A区相关管理部门的资助和补贴，如A区社会团体管理局为其提供了免费的办公场地和办公桌椅等，以及区社会组织联合会的补贴、区人保部门的补贴、区疾控中心与B街道的经费和场地支持。总体来看，初创时期的M中心，无论是在合法性还是在财力资源、场地资源、信息资源等方面都较为依赖政府部门。

（二）发展时期的多元化资源依赖（2015～2021年）

经过十几年的发展，M中心逐步形成了多元化的网络资源和项目资源。在网络资源方面，其与政府、市场和行业内相关社会组织建立了较为稳定

[①] 本文使用的数据与材料来源于M中心对外宣传资料及相关新闻报道，遵循学术伦理，文中的城市、组织和受访者均已匿名。

的信息沟通与合作网络。一方面，M中心与专业机构形成了制度化的沟通机制，M中心每年都会作为社会组织代表参加疾控中心组织的艾滋病防治工作座谈会，并就相关议题建言献策，还与各级疾控中心和公共卫生中心形成了"三位一体"的合作模式。①另一方面，M中心还与中国性病艾滋病防治协会和Z市性病艾滋病防治协会建立了良好的合作关系，协助其开展相关服务。此外，M中心还与行业内相关社会组织、各类基金会和高校及研究机构、企业等建立了较好的合作关系。

在项目资源方面，截止到2021年，M中心不仅获得了政府购买项目，还获得了来自基金会、研究机构、企业等的资助项目、公益众筹项目和收费项目等。自2015年以来，M中心先后获得了爱德基金会、社会组织参与艾滋病防治基金、疾控中心、中国性病艾滋病防治协会、高校和研究机构、公益创投等多种渠道的资金支持，陆续开展了"HIV病毒携带者健康互助项目""暴露前预防模式探索项目""高校尿液传递HIV检测项目""青年白领人群干预及检测服务项目""高校青年学生易感染艾滋病风险人群干预及检测服务项目"等多种类型的项目服务。

在资金结构方面，M中心的政府购买项目占50%，基金会项目占30%，自筹经费项目（公益众筹、社会捐赠、服务收费等）占20%。②以业务活动经费为例，自2015年以来，M中心的收入结构出现了明显多元化的趋势。数据显示，2014~2016年，M中心的业务活动经费分别为1817279.28元、1084700.12元、2411249.60元，呈现波动增长的趋势。其中，政府补助的资金占比从2014年的57%下降到了2015年的50%和2016年的37%，呈现逐年下降趋势；而来自捐赠和提供服务的资金占比从2014年的43%上升到了2015年的50%和2016年的63%。③

从以上历程可以看出，M中心的体制外资金规模稳步增长，资金来源渠道日益多样。可以说，在某种程度上，该组织实现了从高度依赖行政资

---

① 关于社会组织与卫生机构合作模式的具体内容，可参见《男男性行为人群预防艾滋病干预工作指南》，中国疾病预防控制中心网站，https://www.chinacdc.cn/jkzt/crb/zl/azb/jszl_2219/201609/t20160922_134279.html，最后访问时间：2022年4月21日。
② 该数据来源于机构负责人的陈述（访谈资料，20200530）。
③ 根据Z市社会组织管理部门在网络平台上公开发布的M中心年报数据自行整理得出。

源到超越行政资源依赖的转型。那么，这一转型是如何发生的？又是什么样的组织机制促进了其资源依赖结构的转型？调研中我们发现 M 中心的组织特质通过三个维度的具体机制，实现了其资源依赖结构的深刻转型。

四 专业服务及资金来源扩展

接下来将具体呈现 M 中心超越行政资源依赖的组织机制之一：专业服务及资金来源扩展。具体而言，该组织不仅能精准识别服务对象的需求，为其提供满足其差异化需求的服务，更提供了不歧视、消解污名的人格保全性服务。通过去污名化的专业服务，该社会组织增加和凸显了其服务技术优势，进而扩展了服务性资金来源。

（一）有针对性的服务方式

该组织服务的青年边缘群体的交往方式和性行为方式的特殊性，导致其服务对象的隐蔽性较强，专业卫生机构很难接触到易感人群，更难获得他们的信任，由此给防治工作带来了较大挑战，而作为公益类社会组织的 M 中心则具有卫生机构不可替代的优势。

以检测服务为例，首先，M 中心最初通过热线服务、到服务对象活动的场所开展活动的方式，动员相关人群去疾控中心做检测；当发现这样的方式不足以接触到更多的服务对象后，M 中心特地开设了专门针对高校学生的同伴病毒检测服务。其次，M 中心发现很多人并不愿意在检测过程中留下自己的联系方式。为此，该中心特地开设了免费的线上领取检测包服务，在某种程度上满足了服务对象的匿名检测需求。最后，疾控中心的检测服务只在工作日提供，与上班族的时间冲突，为此，M 中心特地推出了在工作日延长到晚上 9 点和周末的检测服务。正如其负责人所言，"疾控中心是朝九晚五的，我们是差异化服务的"（访谈资料，20200530）。从以上分析可以看出，该组织通过"圈内人"的便利，精准识别服务对象的需求，以差异化的服务，提高了检测服务的针对性。

总体来看，该组织相对于卫生机构的优势表现为，其在服务内容和服务方式上都紧紧围绕着服务对象的需求展开，这种紧贴服务对象需求的针对性服务获得了服务对象的认可与支持。而这种有针对性的服务能够得以提供，则来自其独特的组织优势：其主要成员来自青年边缘群体，这使其不仅能够凭借共同的社群身份，获得服务对象的信任与认可，而且能够精准识别服务对象的需求，从服务对象角度出发提供差异化的服务。

（二）去污名化的服务理念

由于害怕隐私被泄露、对疾病的恐惧、社会文化的偏见与歧视等方面的原因，在政府主导的特殊慢性病防控活动中，青年边缘群体的配合度较低（不愿意检测，不愿意治疗）。在接触服务对象的过程中，M中心发现了这一问题的原因所在。

> 从社会属性来讲，这个病会比其他的疾病（让患者面临）更多社会压力，这些压力导致他们不愿意去尝试做这样的筛查工作。很多时候把行为和人群画上等号，会造成对人群的污名，会加剧人群不愿意或者加剧整个潜在人群不愿意进行筛查。（防艾医疗论坛发言资料，20220326）

换言之，该组织在服务中意识到，许多服务对象不愿意做检查，并不是真的不想检测或者没有检测意识，而是担心一旦被发现是病毒携带者，就很容易被歧视或遭受不太友好的对待。由此进入了一个"恶性循环"。

> 检测环境不友好导致不愿意检测，不愿意检测导致无法发现病毒携带者，而无法发现病毒携带者又会造成病毒继续传播，继续传播就会造成更多恐慌，造成更多恐慌就会让人们更加歧视携带者，歧视又会使检测环境不好。（M中心公众号，20220704）

正是意识到污名化"不仅存在于治疗中，也蔓延到检测中"这一现象，该组织的独特服务打破了这一恶性循环，其在服务提供中尤其注意把感染者当作正常的群体来看待，从而减轻了感染者在一般检测机构被视为"少数群体"和"感染者"的双重精神压力。正如机构负责人所言，"疾控中心可能服务态度没有我们好"，这种更好的服务态度，被该机构称为"友善服务"。也正是因为这种去污名化的友善服务，服务对象在检测时更愿意选择像 M 中心这样的社会服务机构，而不是疾控中心、社区卫生服务中心等机构。

由于该组织所在的 Z 市为辐射周边城市群的中心城市，该地区经济发达，新发现的感染者呈现学历高、收入高、社会地位高的特征，这也意味着新发现感染者对灵活性、及时性防治服务的需求及对付费服务的可承受性。而该组织所提供的免费和收费检测服务，正是针对这些差异化的需求：能够接受在一段时间内才能出具检测结果的服务对象，可以选择免费的检测服务；希望在较短时间内出具检测结果的服务对象，可以选择收费的检测服务。免费的检测服务费用是由疾控中心的购买项目承担的，而收费的检测服务费用则由服务对象承担。

总体来看，该机构在提供服务的过程中秉承着去污名化的服务理念，并提供了紧贴服务对象需求的针对性服务。正是这种将服务对象作为正常的"人"而不仅仅是"患者"，并在此基础上提供不歧视、不评判的个性化服务，增加了其服务的专业性或技术优势，使其获得了服务对象的认可与信任，进而也扩展了服务性资金来源。

五 社群基础及受众网络扩展

社会组织得以超越行政资源依赖的组织机制之二，则是高认同度的社群基础与受众网络扩展。具体而言，社会组织和原本作为被服务者的服务对象共同商讨和交流，开发出服务项目，而服务对象也以组织员工或志愿者的身份参与到服务提供中。通过高认同度的社群网络，社会组织增加了其社会基础优势，继而得以扩展其受众网络。

（一）以社群需求为导向的服务开发

经过十几年的发展，该组织所提供的服务，已经从初创时期的散点式服务发展到如今的链条式服务。初创时期，其主要开展宣传教育和动员检测服务。目前，该组织所提供的服务已扩展至针对感染者的心理咨询服务、社会关怀服务、诊疗及暴露前后预防用药服务。换言之，围绕着易感群体，该组织的服务链已经从早期的公共卫生服务，延伸到了社会心理服务和环境改善等方向。

这种服务项目开发的过程，是以满足社群需求为核心的。比如，在谈到为什么会开发出一些新的服务项目时，负责人提到，是因为他们在服务的过程中，看到有许多需求没有被满足。比如，谈及作为一家社会组织，为什么要开设一个民办非营利性质的诊所，负责人谈道：

> 我们发现在过去提供服务的过程中，服务对象的需求不断地在增加，所以我们希望有这样一个诊所，能够真正帮助我们的服务对象，增强他们的健康意识。（访谈资料，20200530）

此外，该组织非常注意不同服务类型之间的衔接。对此，其负责人谈道：

> 你要知道，光做检测是做不了检测的，一定是有服务才有检测，因为这是个流水线……检测前咨询，我们需要热线，热线就可以成为一个单独的项目；有些人不愿意上门检测，光咨询不检测，我是不是可以送到他家？好，又有一个项目来了……当发现呈阳性的时候，那么我们是不是需要感染者的关怀服务了？（访谈资料，20200530）

正如该负责人所言，围绕着服务群体的需求，该组织已经形成了一个以"预防—治疗—康复"为核心的服务链。

> 我们是把原来的服务做一个闭环，原来我们是转介，看到病人有心理问题，我们就转介；暴露后预防就转介；治疗就转介。我们现在自己有了这些服务。（访谈资料，20200530）

综上，M中心的服务项目开发过程，实质上是一个不断回应服务对象需求的过程。正如其负责人所言，"我们一直在发现需求，满足需求"（访谈资料，20200530）。这种以社群为基础，不断发现需求、满足需求的服务项目开发过程，使得该组织能够在十几年的发展历程中，持续地获得服务对象的认可与支持，由此增加了其社会基础优势。

（二）以社群参与为特色的服务提供

M中心的服务项目提供，具有较强的社群参与性。首先是服务对象的内部化参与，即社会组织在服务感染者的过程中，吸引感染者及易感群体加入该组织，并成为团队骨干。一方面，在该组织招聘工作人员的过程中，在同等条件下，会优先考虑来自易感群体的应聘者。目前其组织成员有相当部分来自易感群体。该组织为来自易感群体的员工提供了一个友善宽松的工作环境，而工作人员的易感群体身份也有助于其从服务对象角度出发提供服务，也能更容易获得服务对象的信任，从而更好地开展针对性服务。另一方面，一些被该组织帮助过的服务对象，会以专职或兼职方式加入该组织。而这些感染者既作为组织工作人员，又作为感染者的双重身份，在服务感染者群体时更有圈内人的优势。比如，在一些大范围的宣传活动中，他们代表感染者群体公开自己的康复过程和目前从事的服务感染者工作，以促进宣传教育和消除歧视。而且，通过公开自己的感染者身份，代表感染者群体发声的行为本身，也在社群内部给了更多的感染者以信心和勇气。这也使其获得了社群的认同，在某种意义上成为社群骨干。社群骨干还作为该组织的工作人员建立了服务关怀群，在线上线下给予新发感染者群体即时的信息咨询服务和社会支持服务，并在此过程中，了解到社群更多的需求，进一步开发出新的服务项目。

其次是服务对象的外部化参与，即社会组织在服务开展中，会有意识地吸引所服务的社群成员或服务对象以志愿者的身份参与服务提供。一方面，组织感染者参加观影会、读书会、户外活动等多种形式的沙龙活动，提升其对疾病的认知水平和应对能力。另一方面，以志愿者训练营的方式，邀请医生、社工、心理咨询师等行业内的资深专家为感染者的志愿服务开展培训，从而保证志愿服务的质量。以就医陪同服务为例，在治疗前期，由社工和志愿者给予慰问，并陪同办理住院手续，陪同感染者与医生沟通，详细了解病情、用药、后续治疗等，同时给予及时的科普教育和心理干预；在治疗中期，由志愿者给予慰问并了解感染者的需求，尽可能协助服务对象解决住院期间面临的困难和问题；在治疗后期，志愿者陪同服务对象办理出院手续，并提醒出院后生活中的注意事项等。通过同为感染者的志愿者陪同与示范，服务对象不仅得到了物质和信息上的帮助，也得到了精神上的鼓励，得以逐步走出感染后的精神困境，并开始积极的抗病毒治疗，减轻了对疾病的恐慌和压力，也对未来生活有了更明确的规划，从而得以逐步恢复社会功能、回归社会，这种策略也吸引了更多的服务对象来做志愿者。

可见，M中心搭建社群网络的过程，也是一个服务对象深度参与的过程。通过这种参与式的服务项目开发，该组织在某种程度上成为服务对象心中的"娘家人"。对服务对象而言，该组织不仅是一个疾病防治的社会服务机构，更是一个社群交流的平台，社群成员可以相互支持、互相帮助、抱团取暖。可以说，该组织在某种意义上成为一个社群共同体的促动者和公共空间的搭建者，吸引了越来越多的社群成员参与，由此增加了其社会基础优势，继而扩展了受众网络。

六　公益中继者及资源渠道扩展

M中心得以超越行政资源依赖的组织机制之三，则是公益中继者及资源渠道扩展。具体而言，作为防艾领域的公益中继者，该组织能够把来自服务对象、政府部门、企业、基金会等各方的需求整合容纳进自身的目标与服务中。该组织作为公益中继者的角色，主要体现在以下三个方面：追求社会效应的资源链接者、整合服务链条的公益经营者、提供解决方案的行业引领者。通过这三个角色，该组织增加了其链接外部资助方、政府与特定身份社群的枢纽优势，成为服务领域中的资源容器，扩展了体制内外的资源汲取渠道。

（一）追求社会效应的资源链接者

M中心作为公益中继者的角色首先体现在以追求社会效应为目标的"资源链接者"身份。具体而言，该组织在服务开发中，以是否能产生社会效应为原则，而采取有所不为和有所为的资源链接策略。

首先，有所不为的资源链接策略，体现在为保持机构独立性而有意识地不去承接一些政府购买服务项目。比如，负责人谈道：

> 国家、市、区都会有（政府购买服务）……但我们控制不会超过50%的……一旦超过50%，这个社会组织就没有独立性了。（访谈资料，20200530）

其次，有所不为的资源链接策略，还体现在为保证服务的社会效应而有意识地不去参与一些资源筹集项目。比如，该组织对于网络公益众筹项目的积极性并不像大多数社会组织那样高。

> 去年我们没有参加……游戏规则其实不是太有利于我们使命的达成。（访谈资料，20200530）

有所为的资源链接策略，则体现为策略性外包。对于M中心而言，由于其服务的专业性与良好的社会声誉，也会面临政府部门主动找上门来请它做项目（黄晓春、周黎安，2017）的情况，对此，其反应是策略性的。

> 当时街道（工作人员）一定让我们成立一家机构（独立于M中心），为什么呢？他希望把我个人的影响力，给嫁接到他们街道……想让我们来承接一些公益项目。但我告诉他，非我业务内的项目我肯定不承接，那到时候目标会分不清的。街道（工作人员）说，那我给你成立一个个人工作室，但是要接项目啊。我说这个事情这样，你们要用我的名声我也同意，我请了G作为总干事来运营。（访谈资料，20200530）

这个案例说明，对于那些与主营业务无关，但可以汲取到资源的情况，M中心会策略性地外包给其他社会组织。

有所不为和有所为的资源链接策略，在某种程度上使得该组织能够筛选出更符合其服务对象需求的项目资源。正是由于以追求社会效应（满足服务对象的需求）为目标，该组织得以凭借其专业服务能力和组织声誉，选择性地汲取体制内资源,而不是完全依靠行政资源。在这个意义上,M中心在一定程度上实现了对传统行政资源依赖的超越。

(二) 整合服务链条的公益经营者

该组织作为公益中继者的角色还体现在其把项目融入服务链的"公益经营者"[①] 身份。具体到本案例,指 M 中心积极开发出一些符合组织目标的项目资源,并将这些项目资源融入服务链中的某一环节。对于如何利用不同的服务项目满足服务对象需求,M 中心也有自己独到的认识和判断。在检测前和检测环节,该组织整合了 A 部门和 B 部门的项目资源。

> A 部门是专项的,它必须要做的。但是,B 部门专门有做同伴教育的……它侧重的点并不是检测,并不是阳性感染者,而是能不能培养他们成为一股力量来给下面的人再做培训……你看对 B 部门来说,它对检测不敏感,检测是 A 部门的工作……(访谈资料,20200530)

从以上案例可以看出,与 A 部门合作的检测项目处于其服务链的"检测"环节,与 B 部门合作的科普宣传项目处于其服务链的"检测前"环节。而对于"检测后"环节(感染者关怀),则得到了来自基金会等其他渠道的项目支持。

对于如何做项目,该组织也借鉴了工商管理的项目运作方式,对此,负责人告诉我们:

> 我们不轻易建项目,一旦建了项目,我们要完善项目,项目中有项目,项目套项目,项目结合项目,要把项目的所有资源用尽。(访谈资料,20200530)

[①] "公益经营者"概念由陈颀提出,强调政府经营公益的行为取向(陈颀,2018)。本研究借用此概念来说明社会组织的资源汲取以追求社会效应最大化为导向,因而不同于完全回应资助方尤其是政府部门偏好的行为逻辑。

而对于如何利用不同资源开发服务项目，该负责人有自己的看法：

> 每一个分管领导的关注点是不一样的，但是缺一环一定是糟糕的，一环都不能缺啊……我把所有的资金，变成了我所有服务链中的某一环，我去说服他。（访谈资料，20200530）

从以上内容可以看出，M中心以公益经营者的角色，开发出各类兼容不同政府部门偏好与服务对象需求的项目，并将这些分散于各个行政部门的"碎片化"项目融入自身服务链，实现了"化碎片为整体"的多环节服务。在这个意义上，该组织通过把项目融入服务链条的方式，扩展了多渠道的体制内资源。

（三）提供解决方案的行业引领者

由于常年深耕青年边缘群体的特殊疾病防治服务，M中心逐渐获得了行业内的认可，不仅连续两次获评5A级社会组织，更成为汇集了服务对象资源、政府资源、基金会资源和社会资源的枢纽型资源容器，并在一定程度上作为"行业引领者"提供具有创新性的服务模式与标准。作为Z市疾控中心的长期合作伙伴，该组织经常会协助各级疾控中心和科研院所开展调查研究，也在突发状况下与疾控中心和公共卫生中心合作，为药物短缺又无法出门的感染者提供药物代领服务。多方资源的汇集，使得该组织在某种意义上成为一个跨界的公益中继者，它连接着社群、政府、基金会、企业、专业群体等防治领域的重要行动者，并探索引领行业发展的新模式。

> 原来（我们）只做艾滋病，皮肤病都不提的……皮肤病跟艾滋病比起来，其实（伤害）没有这么大，而且皮肤病可能需求没有被激发出来，现在可能激发得更多了一点……所以我们才出现这样一个（诊所），因为原来你没有资格干预，你都是转介的……而且（特殊）慢性病的治疗我们这里也做（部分治疗），所以未来为什么要建个二甲……是给同行一个模范，这个工作其实民办也能干，而且干得很好，要给

一个模板出来。（访谈资料，20200530）

可以看出，该组织提供的诊疗服务，不仅满足了部分服务对象对于友善治疗环境的需求，更为防艾领域的社会组织参与提供了一个先例。

此外，M中心与外企的合作也为边缘群体慢性病防治的环境改善提供了探索模式。

像我们这种被认可的组织，去跟外企合作，探索一种模式出来，这种合作，以后可以，超过不行。总比你"一刀切"要好，所以我们要做的是这种，要定标准的。（访谈资料，20200530）

综上，无论是该组织开办的民办非营利的诊所，还是其与企业的合作，都不仅是一种简单的"资助与被资助"关系，更是通过找到政府、企业、社会组织的需求结合点，提供了一种引领行业发展的解决方案。作为枢纽型资源容器的公益中继者角色，该组织可以较好地发挥其组织特质优势，成为具有一定自主性的行动者。对服务对象而言，该组织是自己人、圈内人、娘家人；对合作方而言，该组织是资源链接者、公益经营者、行业引领者。作为跨越服务资助方与服务承受方系统的社会组织，则扮演了公益中继者的角色，作为行业领域的枢纽型资源容器，吸引了政府、基金会、企业等多方资源，继而扩展了体制内外的资源渠道。

七 结论与讨论

本文的研究对象M中心是近年来一类数量不多的"理想类型"（富晓星、刘上，2022）意义上的社会组织。这类组织在初创时期主要依赖行政资源，但没有在政府购买服务全面推进的过程中强化对政府的资源依赖，而是实现了多样化资源依赖结构的转型，从而超越了单一化行政资源依赖。追求社会价值和长远发展，是这类组织资源汲取的鲜明特征。就此而言，这也是符合公益服务类社会组织发展方向的理想型资源汲取模式。

本文使用"组织特质与资源汲取"分析框架，解析社会组织资源依结构转型何以发生的组织机制。(1) 通过有针对性的服务方式和去污名化的服务理念，社会组织凭借其专业服务，扩展了资金来源。(2) 通过以社群需求为导向的服务开发和以社群参与为特色的服务提供，社会组织建构了高认同度的社群基础，进而扩展了受众网络。(3) 通过扮演追求社会效应的资源链接者、整合服务链条的公益经营者和提供解决方案的行业引领者，社会组织成为容纳各种资源的公益中继者，进而扩展了体制内外的资源渠道。正是这三个层面的相互关联与影响使得社会组织能够超越传统的行政资源依赖。由此，"专业服务""社群基础""公益中继者"建构出社会组织与众不同的组织特质，高融合度的"社群基础"促进了组织的"专业服务"，"公益中继者"亦能通过"专业服务"实现，并反过来夯实"社群基础"。

值得强调的是，使用"组织特质与资源汲取"分析框架来探究上述"理想类型"意义上的组织资源依赖转型的过程，与既有的制度环境和资源依赖框架的着力点不同。后两者关注不同类型社会组织所具有的资源依赖结构的特征，研究重点在制度实践、资源竞争程度等环境因素与资源汲取的关系，强调了社会组织作为一般性组织的理性化维度。相较之下，"组织特质与资源汲取"分析框架关注同一社会组织资源依赖结构转型的过程，研究重点在社会组织与服务对象的关系、社会组织在公益场域中扮演的角色对于其资源汲取的影响，即组织特质与资源汲取的关系。

换言之，与既有关于社会组织资源汲取的研究不同，"组织特质与资源汲取"分析框架以组织的内在属性为落脚点，基于组织与服务对象的互动和其在公益场域中扮演的角色，分析组织资源汲取的尝试。"组织特质与资源汲取"分析框架的要义是（提示人们）认识到社会组织具有追求特定社会价值的组织属性，而这一组织属性又会通过社会组织与服务对象的互动及社会组织在公益场域中扮演的角色来实现资源依赖结构的转型。"组织特质"强调组织的社会性生产过程与其资源汲取的关联，回答了"理想类型"意义上的组织如何从环境中汲取资源这一研究问题，亦对强调社会组织作为一般性组织的资源汲取研究做出如下理论回应：制度环境和资源竞争程度的确影响了组织的资源汲取特征，但外部环境影响组织资源汲取还需要通过"组织特质"这一中介，具体而言，组织与服务对象的互动特征及其在公益场域中扮演的角色是影响组织资源依赖转型的关键因素。

应当说明,当研究视野转向组织的内在特质时,就会面临社会组织自身的多样性和复杂性的问题;社会组织因其特定目标、组织领导者和服务对象特征的不同,在专业服务、社群基础和公益中继者三个方面的特征与组合会有所不同。有些组织可能是专业化程度较高,但在社群基础和公益中继者角色方面的特性不明显;也有些组织有一定的社群基础,但专业化程度和公益中继者角色方面的特性不明显,这些不同类型的组织特质如何影响其资源汲取,还需要进一步的深入研究。就此而言,本文选取的社会组织具有一定程度的特殊性,还需要更多基于不同类型的社会组织研究来揭示组织特质与资源汲取的多样化实践。

参考文献

陈家建、赵阳,2019,《"低治理权"与基层购买公共服务困境研究》,《社会学研究》第 1 期。

陈顾,2018,《"公益经营者"的形塑与角色困境——一项关于转型期中国农村基层政府角色的研究》,《社会学研究》第 2 期。

邓宁华,2011,《"寄居蟹的艺术":体制内社会组织的环境适应策略——对天津市两个省级组织的个案研究》,《公共管理学报》第 3 期。

邓燕华,2019,《社会建设视角下社会组织的情境合法性》,《中国社会科学》第 6 期。

范明林,2010,《非政府组织与政府的互动关系——基于法团主义和市民社会视角的比较个案研究》,《社会学研究》第 3 期。

富晓星、刘上,2022,《层级文化互动:一个志愿组织的生命史》,《社会学研究》第 4 期。

管兵,2015,《竞争性与反向嵌入性:政府购买服务与社会组织发展》,《公共管理学报》第 3 期。

黄晓春,2015,《当代中国社会组织的制度环境与发展》,《中国社会科学》第 9 期。

黄晓春、嵇欣,2014,《非协同治理与策略性应对——社会组织自主性研究的一个理论框架》,《社会学研究》第 6 期。

黄晓春,2017,《中国社会组织成长条件的再思考——一个总体性理论视角》,《社会学研究》第 1 期。

黄晓春、周黎安，2017，《政府治理机制转型与社会组织发展》，《中国社会科学》第11期。

嵇欣、黄晓春、许亚敏，2022，《中国社会组织研究的视角转换与新启示》，《学术月刊》第6期。

纪莺莺，2022，《形态与伦理：社会组织研究视角转换的可能》，《浙江工商大学学报》第2期。

杰弗里·菲佛、杰勒尔德·R. 萨兰基克，2006，《组织的外部控制：对组织资源依赖的分析》，闫蕊译，北京：东方出版社。

李友梅、肖瑛、黄晓春，2012，《当代中国社会建设的公共性困境及其超越》，《中国社会科学》第4期。

李友梅，2009，《组织社会学与决策分析》，上海：上海大学出版社。

罗文恩、周延风，2010，《中国慈善组织市场化研究——背景、模式与路径》，《管理世界》第12期。

米歇尔·克罗齐耶、埃哈尔·费埃德伯格，2007，《行动者与系统——集体行动的政治学》，张月等译，上海：上海人民出版社。

W. 理查德·斯科特，2020，《制度与组织：思想观念、利益偏好与身份认同》（第4版），姚伟等译，北京：中国人民大学出版社。

王名、张严冰、马建银，2013，《谈谈加快形成现代社会组织体制问题》，《社会》第3期。

王诗宗、罗凤鹏，2019，《寻求依附还是面向市场：社会组织的策略组合及调适》，《学海》第6期。

王诗宗、宋程成，2013，《独立抑或自主：中国社会组织特征问题重思》，《中国社会科学》第5期。

文军，2012，《中国社会组织发展的角色困境及其出路》，《江苏行政学院学报》第1期。

向静林，2018，《结构分化：当代中国社区治理中的社会组织》，《浙江社会科学》第7期。

徐盈艳、黄晓星，2020，《组织与社群：社会组织公益众筹策略研究》，《江海学刊》第2期。

徐盈艳、黎熙元，2018，《浮动控制与分层嵌入——服务外包下的政社关系调整机制分析》，《社会学研究》第2期。

严振书，2010，《现阶段中国社会组织发展面临的机遇、挑战及促进思路》，《北京社会科学》第1期。

朱苗、郑广怀，2021，《志愿者会影响社会组织绩效吗?》，《中国志愿服务研究》第4期。

Cheng, Pei. & Parris, Kristen. 2020. "Resource Dependence and the Question of Autonomy in Environmental NGOs: Cases in China and the US." *The China Nonprofit Review* 12（1）：107–130.

Salamon, L. M. & Anheier, H. K. 1998. "Social Origins of Civil Society: Explaining the Nonprofit Sector Cross-Nationally." *Voluntas: International Journal of Voluntary and Nonprofit Organizations* 9：213–248.

Spires, A. J., Tao, L., & Chan, K. M. 2014. "Societal Support for China's Grass-Roots NGOs: Evidence from Yunnan, Guangdong and Beijing." *The China Journal* 71（1）：65–90.

Yu, J. & Chen, K. 2018. "Does Nonprofit Marketization Facilitate or Inhibit the Development of Civil Society? A Comparative Study of China and the USA." *Voluntas: International Journal of Voluntary and Nonprofit Organizations* 29：925–937.

Zhu, J., Ye, S., & Liu, Y. 2018. "Legitimacy, Board Involvement, and Resource Competitiveness: Drivers of NGO Revenue Diversification." *Voluntas: International Journal of Voluntary and Nonprofit Organizations* 29：1176–1189.

Table of Contents & Abstracts

RESEARCH ON CULTURAL SOCIAL WORK

The Basic Meaning, Significance and Practical Approach of Cultural Social Work

Wang Chunlin / 1

Abstract: Since its inception, culture has been rooted in the philosophy and methods of social work. In recent years, although the academic circles have put forward very rich theories around the term "culture" and "social work", promoted the development of "localization" of social work and the generation of social work research logic with regional characteristics, however, "cultural social work" has not yet been specifically interpreted, making it a specialized practice and research field similar to "youth social work", "family social work", "rural social work" and "women's social work". In line with the foregoing, it focuses on the basic meaning, main academic and practical significance of "cultural social work" and its practical approach. It can not only make social work better become an important force for coordinating the relationship between individuals, culture and society in the new era, but also helps to introduce social work into the identification, analysis and solution of cultural problems, and brings some new ideas to social work participation in social governance, the construction of social work disciplines, and the improvement of social work service effects.

Keywords: Cultural Social Work; Cultural Awareness; Cultural Issues; Localization

RESEARCH ON YOUTH SOCIAL WORK

Research on the Influencing Mechanisms of Adolescent Resilience from the Perspective of Ecological Systems Theory: An Analysis Based on Structural Equation Modeling

Zhang Hang, Wang Xueting / 16

Abstract: Adolescents are going through significant changes both physically and psychologically during their adolescence. The resilience of adolescents plays a crucial role in cultivating good character and establishing correct values. To explore the mechanisms of resilience formation and development in adolescents, this study, based on the ecological systems theory, utilized data from the China Education Panel Survey (CEPS) conducted in 2014 - 2015. Structural equation modeling was employed to examine the relationships between family factors, school factors, peer factors, and adolescent resilience. The study found that: (1) family factors, school factors, and peer factors were all significantly correlated with adolescent resilience, with peer factors having the strongest influence; (2) peer factors played a mediating role in the model. Two mediating paths were identified: family factors→peer factors→adolescent resilience and school factors→peer factors→adolescent resilience, as well as a chain mediating path: family factors→school factors→peer factors→adolescent resilience; (3) the influence of the three factors on resilience differed between rural and urban adolescents, with household registration significantly moderating the mechanisms of the three factors on adolescent resilience. Therefore, social workers need to consider multiple factors in their practice, with a particular focus on the influence of peer factors. Additionally, tailored intervention plans should be developed based on the differences in service recipients between rural and urban adolescents.

Keywords: Ecological Systems Theory; Adolescent Resilience; Structural Equation Modeling

RESEARCH OF SOCIAL WORK FOR THE DISABLED

Exploration of the Employment Action Process of People with Disabilities—Based on the Perspective of Life Course Theory

Wang Yanhong, Dou Wenying, Fan Minglin / 37

Abstract: The employment of people with disabilities is not only an urgent practical problem but also a theoretical issue worthy of in-depth discussion. Based on the perspective of life course theory and using oral history methods, this article explores the employment status and characteristics of six people with disabilities, analyzes the factors that promote their active employment, and seeks strategies for social work interventions in employment services for people with disabilities. It was found that different people with disabilities have different self-selection statuses for employment and display different characteristics. Through data analysis, it was found that different spatial and temporal characteristics at a given time and space, as well as improvements in policies and individual agency in the process of spatial transformation, have had an impact on the employment initiative of people with disabilities. Additionally, personal traits in personality traits, the use of social support networks, the support of families, peer groups, disabled federations, and social organizations in connected lives, and time accumulation factors have also influenced the employment initiative of people with disabilities. Based on this, this article combines professional awareness of social work services and the role and influence of different factors on the employment initiative of people with disabilities to establish a model for intervening in employment services for people with disabilities, with the aim of helping people with disabilities obtain employment.

Keywords: Life Course Theory; People with Disabilities; Active Employment; Social Work

RESEARCH ON COMMUNITY WORK

Administrative Absorption and Professional Embedding: A Study of the Localization Behavior of Street and Town Social Workers in Ethnic Regions—Taking the Social Work Station in S Town, Guangxi as an Example

Cui Juan, Li Bojiang / 61

Abstract: Due to its unique ethnic, local, and regional characteristics, the development of social work in ethnic areas has been relatively slow, posing serious challenges to the localization of street and town social work stations in ethnic areas. Based on this, this article applies the theoretical analysis framework of absorption and embedding, taking the social work station in S town, Guangxi, as an example, to deeply study the localization behavior of street and town social work stations in ethnic areas. Research has found that social work stations in ethnic minority areas face dual interactive pressures from the administrative absorption of grassroots governments and the professional embeddedness of social work institutions. Their localization behavior faces three dilemmas: firstly, the political legitimacy dilemma; The second is the dilemma of service professionalism; The third is the endogeneity dilemma of resources. The root cause behind it mainly lies in the constraints and limitations of policy systems, cultural contexts, and talent teams. Therefore, this article proposes three feasible strategies from macro to micro perspectives: firstly, localizing policy systems to enhance political legitimacy; The second is the localization of social work institutions to achieve social service; The third is the localization of social worker talents to enhance their professionalism. Through the above research strategies, we aim to promote the integration of administration, specialization, and socialization in the process of administrative absorption and professional embedding of street and town social work stations in ethnic areas, and promote the localized development of street and town social work stations in ethnic areas.

Keywords: Administrative Absorption; Professional Embedding; Ethnic Areas; Street and Town Social Work Station; Localization Behavior

RESEARCHD ON SOCIAL POLICY

Research on the Focus of Elderly Health Policies in China from the Perspective of Policy Tools

Li Bin, Han Jing, Xiao Yu, Qin Xiaofeng / 82

Abstract: Study the national health policy, grasp the efforts of policies, and improve the effectiveness of policy implementation, which will help address the health issues of the elderly. By relying on NVIVO software and text analysis methods, studying the national health policy from the two dimensions of policy tools and service systems. It was found that in the use of policy tools, three different characteristics were presented: "environmental policy" attaches importance to policy planning and industry management, "supply-oriented policy" focuses on public health services, and "demand policy" focuses on the construction of demonstration projects. This shows that environmental policies are more valued and demand-based policies are used the least. In the service system, it shows the characteristics of focusing on safeguard measures and downplaying service objects. In the cross-analysis of policy tools and service systems, it shows the characteristics of selective use of policy tools and weakening of service objects. Accordingly, the optimization of China's elderly health policy system can be carried out from the following focus points: promoting the complementary use of policy tools, paying attention to the mutual integration of service systems and policy tools, strengthening the use of demand-based policy tools, and strengthening the focus on service objects in policy tools and service systems.

Keywords: Policy Tools; Elderly Health Policy; Policy Analysis; Research Focus

Implications of British Social Work Legislations and Institutional Improvements for China

Huang Kuangzhong, Xu Weiyang / 104

Abstract: Benchmarking social work legal and institutional frameworks in the UK, this paper finds that social work legislations is an important tools to improve the professional standards of social workers and social work agencies in China. The British experience shows social work legislations should regulate both the practice competences of social workers, as well as the service qualities of social work agencies. Nevertheless, while the rights of clients must be fully protected, the safety and dignity of social workers should not be neglected. In the UK, the needs for highest levels of social work education are being challenged by the expansion of private social work. The lesson to China is a more delicate and multi-levels of competences structure to match with more layered career development path, as proposed by the BASW.

Keywords: Social Work Legislation; Social Work Competences; Service Standards

RESEARCH ON SOCIAL WORK-RELATED ISSUES

A Survey on Social Work Undergraduates' Professional Commitment—In contrast to Social Work Junior College Students

Zeng Shouchui, Huang Wenbin / 122

Abstract: In order to evaluate the status of social work undergraduates' professional commitment, a valid and reliable professional commitment survey was conducted in a big sample (n = 918). The findings showed that social work undergraduates' professional commitment is not high, which include three aspects: (1) the mean of score per item is 3.49, which is almost equal to the median of five-point Likert scale, and is far from 4 points; (2) the percentage of social work undergraduates whose professional commitment are over than 4 points is not high

(19.83%); (3) the social work undergraduates' professional commitment are lower significantly than social work junior college students. In addition, social work undergraduates' professional commitment is not even among three dimensions, i.e., social work undergraduates' emotional professional commitment is the lowest, the cognitive professional commitment takes second place, the behavioral professional commitment is the highest.

Keywords: Professional Commitment; Social Work Undergraduates; Social Work Junior College Student

The Formation Mechanism of Social Workers Job Satisfaction—The Serial Mediation Roles of Professional Efficacy and Personal Accomplishment

Hu Jierong / 141

Abstract: The data this research used came from the China Social Work Longitudinal Survey (CSWLS 2019). It explores the influence of job autonomy on Chinese social workers job satisfaction and the serial mediating effects of professional efficacy and personal accomplishment in Stata 17.0 software. Under the control variables, including gender, age, marital status, education level, years of employment, position, social insurance, salary satisfaction, incentives, and overload, the structural equation model results show that job autonomy is significantly positively associated with job satisfaction, with a total effect of 0.267 (β = 0.295, 95% CI [0.237, 0.297]), the direct effect is 0.109 (β = 0.120, 95% CI [0.082, 0.135]), and professional efficacy and personal accomplishment respectively play partly mediating effects and serial mediating effect, with a total indirect effect of 0.158 (β = 0.174, 95% CI [0.140, 0.176]). This research shows that as a work resource, job autonomy is an important protective factor, which not only directly affects Chinese social workers job satisfaction, but also indirectly affects it through professional efficiency and personal accomplishment. This has important practical significance for improving social service organization management and stabilizing the talent team of social workers.

Keywords: Job Autonomy; Job Satisfaction; Professional Efficacy; Personal Accomplishment

Organizational Characteristics and Resource Extraction: A Social Organization's Resource-dependent Structural Transformation

Wu Yonghong, Liang Bo / 161

Abstract: Through the study of a community-based social organization's resource-dependent structural transformation, this paper examines the endogenous basis of resource absorption of social welfare service social organizations. Based on the interaction between social organization and constituency and the role of social organization in the public welfare field, this paper proposes an analysis framework of "organizational characteristics and resource extraction" to analyze the diversified process of resource extraction achieved by social organizations by identifying and responding to social needs, and explore the organizational mechanism of how such organizations transcend administrative resource dependence. At a time when the resource environment of social organizations in China is increasingly optimized, the sociality of social organizations can be used as an independent explanatory variable to analyze how social organizations can improve their resource absorption capabilities, and provide new experiences and interpretation paths for social organization research.

Keywords: Social Organization; Resource-dependent Structural Transformation; Organizational Characteristics; Resource Extraction

《都市社会工作研究》稿约

为推进都市社会工作研究和实务的发展，加强高校、实务机构和相关政府部门的专业合作，上海大学社会学院社会工作系与出版机构决定合作出版《都市社会工作研究》集刊，特此向全国相关的专业界人士征集稿件。

一 出版宗旨

1. 促进都市社会工作研究的发展。社会工作系希望通过本集刊的交流和探讨，介绍与阐释国外都市社会工作理论、方法和最新研究成果，深入分析国内社会工作各个领域里的问题和现象，探索中国社会工作发展的基本路径，繁荣社会工作领域内的学术氛围，推动社会工作的进一步发展。

2. 加强与国内社会工作教育界的交流。社会工作系希望通过出版集刊，强化与国内社会工作教育界交流网络的建立，共同探讨都市社会工作领域的各类问题，共同推动中国社会工作教育和专业人才培养的深入开展。

3. 推动与相关政府部门的合作。社会工作系希望通过出版集刊之契机，携手相关政府部门共同研究新现象、新问题、新经验，并期冀合作研究成果对完善政策和制定新政策有所裨益。

4. 强化与实务部门的紧密联系。社会工作系希望通过出版集刊，进一步加强与医院、学校、工会、妇联、共青团、社区管理部门、司法部门、老龄与青少年工作部门，以及各类社会组织的密切联系与合作，通过共同探讨和研究，深入推动中国社会工作实务的开展。

5. 积累和传播本土社会工作知识。社会工作系希望通过出版集刊，能够更好地总结中国社会工作理论与实务的经验，提炼本土的社会工作专业服务模式，从而推动社会工作专业的健康发展。

二 来稿要求

1. 稿件范围。本集刊设有医务与精神健康社会工作、老年社会工作、儿童与青少年社会工作、城市社区社会工作、城市家庭和妇女社会工作、学校社会工作、社区矫正、社区康复、社会组织发展、社会政策分析及国外都市社会工作研究前沿等栏目，凡涉及上述领域的专题讨论、学者论坛、理论和实务研究、社会调查、研究报告、案例分析、研究述评、学术动态综述等，均欢迎不吝赐稿。

2. 具体事项规定。来稿均为原创，凡已经公开发表的文章不予受理。篇幅一般以 8000~10000 字为宜，重要的可达 20000 字。稿件发表，一律不收取任何费用。来稿以质选稿，择优录用。来稿请发电子邮箱或邮寄纸质的文本。来稿一般不予退稿，请作者自留稿件副本。

3. 本集刊权利。本集刊有修改删节文章的权利，凡投本集刊者被视为认同这一规则。不同意删改者，请务必在文中声明。文章一经发表，著作权属于作者本人，版权即为本集刊所有，欢迎以各种形式转载、译介和引用，但必须遵照《中华人民共和国著作权法》及有关国际法规。

4. 来稿文献引证规范。来稿论述（叙述）符合专业规范，行文遵循国际公认的学术规范。引用他人成说均采用夹注加以注明，即引文后加括号说明作者、出版年份及页码。引文详细出处作为参考文献列于文尾，格式为：作者、出版年份、书名（或文章名）、译者、出版地点、出版单位（或期刊名或报纸名）。参考文献按作者姓氏的第一个拼音字母依 A—Z 顺序分中、英文两部分排列。英文书名（或期刊名或报纸名）用斜体。作者本人的注释均采用当页脚注，用①②③④⑤……标明。稿件正文标题下分别是作者、摘要、关键词。作者应将标题、作者名和关键词译成英文，同时提供 150 词左右的英文摘要。文稿正文层次最多为 5 级，其序号可采用一、（一）、1、（1）、1），不宜用①。来稿需在文末标注作者的工作单位全称、详细通信地址、联系电话、邮政编码，并对作者简要介绍，包括姓名、职称、学位、研究方向等。

图书在版编目(CIP)数据

都市社会工作研究. 第 14 辑 / 范明林，杨锃，陈佳主编. -- 北京：社会科学文献出版社，2023.12
ISBN 978-7-5228-2671-4

Ⅰ.①都… Ⅱ.①范… ②杨… ③陈… Ⅲ.①城市-社会工作-研究-中国 Ⅳ.①D632

中国国家版本馆 CIP 数据核字(2023)第 200589 号

都市社会工作研究 第 14 辑

主　　编 / 范明林　杨　锃　陈　佳

出 版 人 / 冀祥德
责任编辑 / 杨桂凤
文稿编辑 / 张真真
责任印制 / 王京美

出　　版 / 社会科学文献出版社·群学出版分社（010）59367002
　　　　　　地址：北京市北三环中路甲 29 号院华龙大厦　邮编：100029
　　　　　　网址：www.ssap.com.cn
发　　行 / 社会科学文献出版社（010）59367028
印　　装 / 唐山玺诚印务有限公司

规　　格 / 开　本：787mm×1092mm　1/16
　　　　　　印　张：12.25　字　数：195 千字
版　　次 / 2023 年 12 月第 1 版　2023 年 12 月第 1 次印刷
书　　号 / ISBN 978-7-5228-2671-4
定　　价 / 89.00 元

读者服务电话：4008918866

版权所有 翻印必究